数学世界探险记

隐藏起来的数字

刘修博 编译

图书在版编目(CIP)数据

隐藏起来的数字/刘修博编译. —哈尔滨:哈尔滨工业大学出版社,2012.4(2013.7 重印)

(数学世界探险记)

ISBN 978−7−5603−2892−8

Ⅰ.①隐… Ⅱ.①刘… Ⅲ.①数学–少年读物 Ⅳ.①O1-49

中国版本图书馆 CIP 数据核字(2012)第 265283 号

策划编辑 甄淼淼 刘培杰

责任编辑 唐 蕾

出版发行 哈尔滨工业大学出版社

社　　址 哈尔滨市南岗区复华四道街 10 号 邮编 150006

传　　真 0451−86414749

网　　址 http://hitpress.hit.edu.cn

印　　刷 哈尔滨市工大节能印刷厂

开　　本 787mm×1092mm 1/16 印张 6.5 **字数** 99 千字

版　　次 2012 年 4 月第 1 版 2013 年 7 月第 3 次印刷

书　　号 ISBN 978−7−5603−2892−8

定　　价 198.00 元(套)

(如因印装质量问题影响阅读,我社负责调换)

编者的话

我曾在中国生活到大学毕业，中学毕业于一所省级重点中学，数学一直是我的一个弱项，尽管后来我考入了西南交通大学，但数学一直困扰着我，回想起近20年学习数学的经历，我现在才认识到是小学时没能激发起学习数学的兴趣，当时的小学课本及"文化大革命"后期的数学老师讲解过于枯燥。

大学毕业后，我到了日本，发现日本有许多数学课外书编的很生动、有趣，而且图文并茂，我的小孩很爱读。

新闻业有一句听上去很绝望的格言，叫做"给我一个故事，看在上帝的份上，把它讲得有趣些"这句话其实更应对数学界说。近年来，我成立了翻译公司便着手开始编译了这套适合中、日儿童的少年科普图书。

这套丛书共由十册组成。

第一册　　有趣的四则运算。
第二册　　各种各样的单位。
第三册　　恼人的小数分数。
第四册　　稀奇古怪的单位。
第五册　　有关图形的游戏。
第六册　　神奇莫测的箱子。
第七册　　隐藏起来的数字。
第八册　　妙趣横生的集合。
第九册　　上帝创造的语言。
第十册　　超常智力的测验。

这套书的读者对象是少年儿童，所以选择以探险为故事情节。

有人说儿童总是显得比成年人勇敢，恰似小型犬总是比大型犬显得勇敢，可是宠物专家说，那不是勇敢，只是容易激动。儿童比成人有好奇心，就让这难得的好奇心带着儿童走进数学的殿堂。

刘修博

2013年1月于日本

隐藏起来的数字

啊,你们好!

昨天我收到一封信,信中说今天城内儿童馆要上演木偶剧,是一个数学木偶剧团演出的木偶剧。那么,演出究竟是怎么开场的呢?

数学世界探险记

（首先登场的是剧团团长。）
团　长　数学木偶剧团现在开始演出！
米丽娅　有哪些主要角色呢？

噢，原来有白雪公主、卡里巴、杰克，嘿，还有阿里巴巴呢。
萨　沙　看来会挺有意思啊！

数学世界探险记

隐藏起来的数字

目 录

第一场　白雪公主和两个小人--------6
第二场　阿里巴巴和三个盗贼--------9
第三场　三个卡里巴和四个小人------12
第四场　五个杰克和三个巨人--------14
第五场　两个辛得巴得和一个巨人----18
第六场　皮诺西欧和两个老头--------20

小黑怪的挑战1---------------------26
小黑怪的挑战2---------------------28
小黑怪的挑战3---------------------30
弄懂了小黑怪的问题---------------32
思考小黑怪的挑战2----------------34
思考小黑怪的挑战3----------------35
教训教训小黑怪-------------------36

团　长　希望你不要总是埋头抠书本，不妨来观赏一下木偶剧团演出的木偶剧。首先由我登场。

小黑怪　木偶剧团演出后，我非大闹一场不可，让他们都大吃一惊。

开心博士 这卷书的内容是探求隐藏起来的数。这好像是让我们去寻找隐藏起来的犯人,也好像儿童玩的那种模仿侦探的游戏。找出隐藏起来的数会给你带来快乐。这是一件相当有趣的事情。用一个简单的事作比:当我们探求8-□=5中的□是什么数时,我们就会像发现人世间的秘密那样高兴不已。

下面将由数学木偶剧团演出奇妙的侦探技术。

如果在剧团演出后,小黑怪跑出来捣乱也没关系,从第41页开始的内容会帮你解决它所提出来的问题。

数学世界探险记

第一场 白雪公主和两个小人

团　长　现在开始计算美丽的白雪公主和两个小人的身长。

请看：两个小人的身长相同，白雪公主和一个小人的身长合起来是26 cm。白雪公主和两个小人的身长合起来是32 cm。白雪公主和小人的身长各是多少？

萨　沙　知道了身长的和，就能知道他们各自的身长吗？

（萨沙盘着胳膊。）

米丽娅　好像挺难啊！

罗伯特　不过，我倒觉得问题挺清楚，你看：

白雪公主的身长+一个小人的身长=26 cm。

白雪公主的身长+两个小人的身长=32 cm。

上下两式一比较，可以看出下式比上式只多一个小人的身长吧！

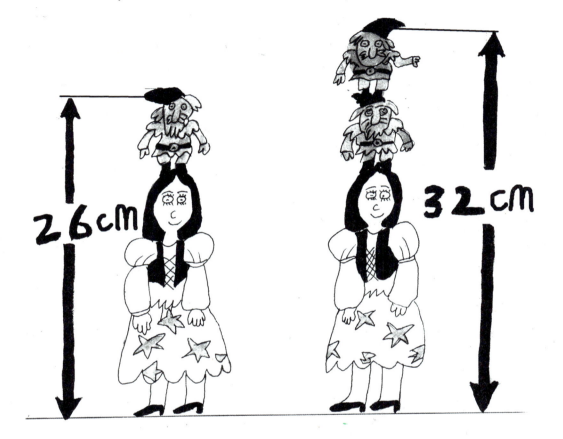

米丽娅　是啊，看一下上面的图就清楚了。

萨　沙　确实是这样，原来只增加一个小人的身长，26 cm就变成32 cm了。

罗伯特　所以这两个式子的差就是一个小人的身长。

米丽娅　是啊，其余的就简单了。

用带子来考虑

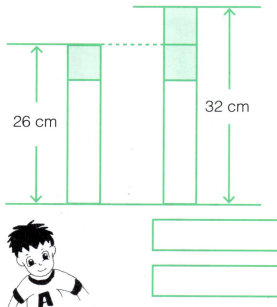

团长　大家算的都很对嘛。这个问题可以像左图那样利用带子计算出来。白带子代表白雪公主，黑带子代表小人。于是就有下列式子。

萨　沙　这样就很容易了。由上面的式子可知

□ =6 cm

米丽娅　那么，白雪公主的身长可以利用下面的算式来求。

□ +6 cm=26 cm

□ =26 cm−6 cm

□ =20 cm

答：白雪公主的身长是 20 cm，小人的身长是 6 cm。

罗伯特　如果利用下面的算式也可以求出。

□ +6 cm×2=32 cm

□ +12 cm=32 cm

□ =32 cm−12 cm

□ =20 cm

萨　沙　利用带子来做计算，挺有意思啊！

团　长　我们把这样的计算叫做使用带子做计算吧！好，下面请继续看木偶剧。

第二场 阿里巴巴和三个盗贼

萨 沙 这一场说的是"阿里巴巴和三个盗贼"的故事吧!

米丽娅 还少37个盗贼呢!

(三个盗贼不由地噗哧笑了出来。)

团 长 盗贼的身长都一般高,请按下面的图示来计算阿里巴巴和盗贼的身长各是多少。

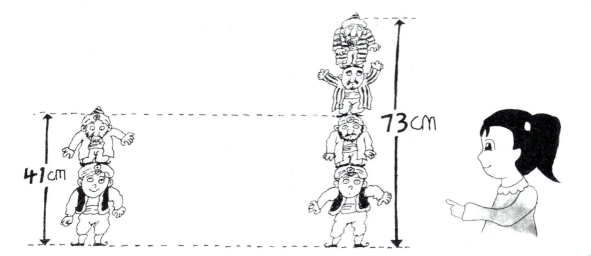

数学世界探险记

罗伯特　按照左图所示，使用带子计算一下。白带子代表阿里巴巴，黑带子代表盗贼。

萨　沙　这样用带子来写式子，就是

□ + □ =41 cm

□ + □□□ =73 cm

米丽娅　比较上下两式，下式里的盗贼多两个。

萨　沙　是这样。两个盗贼的身长相当于73 cm和41 cm的差。

罗伯特　确实如此。一计算就会像左边写的那样。

□ + □ =73 cm−41 cm

□ + □ =32 cm

□ =32 cm÷2

□ =16 cm

米丽娅　盗贼的身长是算出来了，可是一个一个地画带子多麻烦啊！还有没有其他办法？

罗伯特　带子分长和短，我看用 N 代表长，M 代表短好了。

萨 沙 的确是个好主意。这样一来，就能写出下列式子。

$N+M=41$ cm

$N+M+M+M=73$ cm

米丽娅 萨沙，稍等一下。$M+M+M$ 是 $3×M$，所以用 $3M$ 不好吗？

萨 沙 你说得很对，简单地写就是

$N+M=41$ cm

$N+3M=73$ cm

罗伯特 仔细地观察这两个式子，原来下式比上式多 $2M$。这是 73 cm 和 41 cm 之差。于是，马上可以写出

$2M=73$ cm -41 cm $=32$ cm

所以

$M=32$ cm $÷2=16$ cm

萨 沙 妙极啦，妙极啦！将 M 代入上面第一个式子，那么就有

$N+16$ cm $=41$ cm

$N=41$ cm -16 cm

$N=25$ cm

所以，阿里巴巴的身长为 25 cm。

米丽娅 以后不管出现什么样的木偶都不用害怕啦。

喜 鹊 好，请用 N 和 M 来做下列的问题。这是很简单的问题。

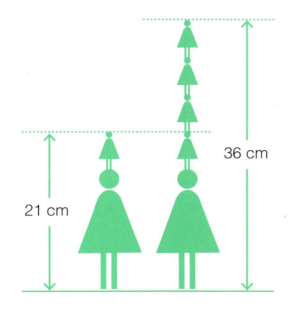
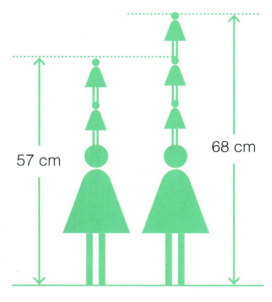

第三场　三个卡里巴和四个小人

　　萨　沙　卡里巴来到小人国。可是来了三个卡里巴,这可不得了啊!

　　罗伯特　因为是木偶剧团嘛,所以人员的组成可以是特殊的。哎哟,卡里巴上面还有卡里巴。看,上面又有小人开始一个一个地往上叠。

　　米丽娅　这是怎么回事啊?

　　团　长　好,请看下页的图。三个卡里巴连同上面立着的两个小人,其身长合起来是126 cm。另外三个卡里巴连同上面立着的四个小人,其身长合起来是150 cm。当然,三个卡里巴的身长都一样,那些小人的身长也一样。那么,卡里巴和小人的身长各是多少?

　　萨　沙　这个嘛,用N和M就能准确地计算出来。

萨 沙　因为三个卡里巴是3N，小人是M，所以就组成下面的式子。

$$3N+2M=126\text{ cm}$$
$$3N+4M=150\text{ cm}$$

米丽娅　那么，150 cm和126 cm的差，就是两个小人的身长嘛。

萨 沙　也可以列成下面的式子。

$$3N+2M=126\text{ cm}$$
$$3N+2M+2M=150\text{ cm}$$

米丽娅　由于$2M=150\text{ cm}-126\text{ cm}$，因此

$$2M=24\text{ cm}$$
$$M=24\text{ cm}\div 2$$
$$M=12\text{ cm}$$

萨 沙　嗯。把$M=12\text{ cm}$代入上面的式子，就有

$$3N+2\times 12\text{ cm}=126\text{ cm}$$
$$3N+24\text{ cm}=126\text{ cm}$$
$$3N=126\text{ cm}-24\text{ cm}=102\text{ cm}$$
$$N=102\text{ cm}\div 3$$
$$N=34\text{ cm}$$

所以卡里巴的身长为34 cm，小人的身长为12 cm。

罗伯特　好，这个算法很漂亮!

(这时嘟嘟可怜巴巴地嘟囔起来。)

嘟 嘟　你们倒是都会做了，可是我还不明白呢!

(那么，你们哪位能给嘟嘟讲解一下，好让他也明白。)

第四场　五个杰克和三个巨人

萨沙　唉哟，这是个好吓人的故事吧？

罗伯特　不管五个杰克怎么努力也敌不过三个巨人吧!

团长　是这么个小故事：如果一个杰克立在一个巨人上面，其高度是 60 cm；如果五个杰克叠立在三个巨人上面，其高度是 200 cm。当然，巨人的身高都相同，杰克的身高也相同。巨人和杰克的身高各是多少呢？

萨沙　这回可有点难了。

米丽娅　好好动动脑筋嘛。

米丽娅 的确是难了些。即使求出200 cm和60 cm的差，其中还包括两个巨人和四个杰克呢。

用式子来考虑就是

$N+M=60$ cm ①

$3N+5M=200$ cm ②

由②和①可得

$2N+4M=140$ cm

哎呀，即使这样还是很难明白呀!

萨 沙 究竟怎样才能算出来呢？

罗伯特 可真伤脑筋啊!只觉得好像差一点就明白了，可是终究还是没明白。

(三个人发起愁来，这时团长笑着喊了起来。)

团 长 与会各位，没有会的吗？

(整个会场鸦雀无声，没一个人举手。)

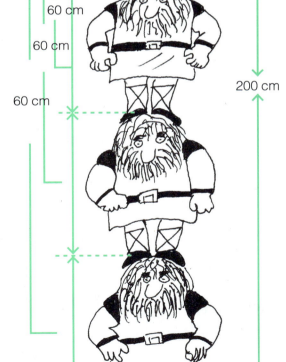

(这时米丽娅的眼睛闪着光辉。)

米丽娅 我明白了，看看这个想法怎么样？由于一个巨人和一个杰克的身长是60 cm，也就是$N+M=60$ cm。因此，如果是两个巨人和两个杰克，那么就把这个式子2倍起来，所以有

$2N+2M=2\times 60$ cm$=120$ cm

如果是三个巨人和三个杰克，那么就有

$3N+3M=3\times 60$ cm$=180$ cm

数学世界探险记

萨 沙 确实像米丽娅说的那样，三个巨人和三个杰克的身长是

$3N+3M=3×60$ cm

所以 $3N+3M=180$ cm

但是接下去怎么算呢？

米丽娅 把这个式子作为③，再考虑上面的式②。于是，比较一下

$3N+5M=200$ cm ②

和 $3N+3M=180$ cm ③

可以看出式②比式③只多$2M$，因此200 cm与180 cm的差就恰好相当于$2M$。

萨 沙 能否更详细地说明一下？

罗伯特 我觉得用式子来考虑还不如用图考虑更容易懂。一个巨人和一个杰克为一组，正如左图那样，三组恰好是180 cm。这与米丽娅考虑的式③相吻合。

萨 沙 嗯，这就好懂了。式③等于式①乘上3。

米丽娅 正是这样。

罗伯特 我认为，还是用图来考虑容易。

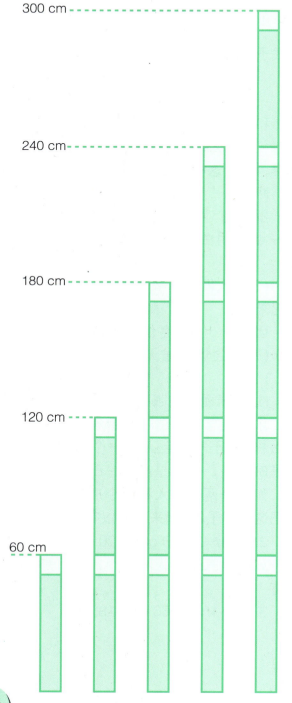

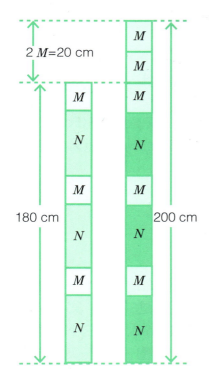

罗伯特　如果把 $3N+3M=180$ cm 和 $3N+5M=200$ cm 都用图表示，那么就会成为左图那样。

如果一个巨人和一个杰克编作一组，那么这样的三组合在一起，就是三个巨人和三个杰克，其身长的和为 180 cm。所以 200 cm 与 180 cm 的差 20 cm 就是两个杰克的身长，即 $2M$。这不就非常清楚了吗？

萨　沙　的确是这样。看图以后才弄明白为什么要把式①3倍起来。

米丽娅　由于 $2M=20$ cm，所以 $M=20$ cm $\div 2$。那么，一个杰克的身长是 10 cm。

萨　沙　是这样。在这里将 $M=10$ cm 再代入式①，即代入 $N+M=60$ cm，那么就有

$$N+10 \text{ cm}=60 \text{ cm}$$
$$N=60 \text{ cm}-10 \text{ cm}$$
$$N=50 \text{ cm}$$

所以一个巨人的身长就应该是 50 cm。

罗伯特　米丽娅将一个巨人和一个杰克编成一个组，如果没有考虑到将它3倍起来，就不能解这个题。这回算解决了。

萨　沙　嗯，多亏米丽娅呀。

米丽娅　这是偶然算对的。

（米丽娅有点不好意思地小声说出了这句话。）

3N 啦，5M 啦，冷不丁看式子，似乎有点难。正像罗伯特说的那样，用图来思考就一目了然啦。

第五场 两个辛得巴得和一个巨人

团　长　这回讲的是勇敢的船员辛得巴得进行的一次愉快的冒险的故事。

两个辛得巴得立在一个巨人头上，其高度为80 cm。一个巨人和一个辛得巴得的身长的差是35 cm。你能求出巨人和辛得巴得的身长各是多少吗？

萨　沙　这不也是立在巨人头上的问题吗？

罗伯特　别管那个，建立式子看看吧。根据左图有

$$N+2M=80 \text{ cm} \quad ①$$

根据右图有

$$N-M=35 \text{ cm} \quad ②$$

米丽娅　可是，80 cm与35 cm的差45 cm是表示什么的呢？

萨　沙　问的是80 cm−35 cm=45 cm吗？这个45 cm代表三个辛得巴得的身长的和。看图，让巨人把辛得巴得倒着举起来。这样，就像下一页的图所表示的那样，三个辛得巴得挨着排起来了。

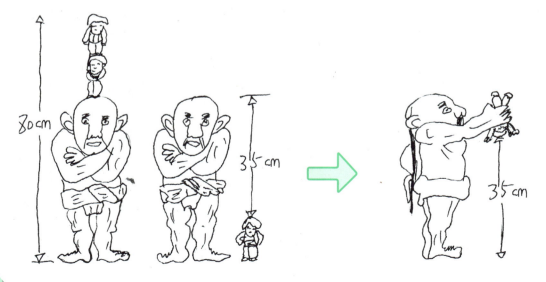

罗伯特 的确是这样。式①和式②的差是45 cm，这个数恰好是三个辛得巴得的身长之和。看左图，这是很显然的。

萨 沙 因为$3M=45$ cm，所以$M=45$ cm$\div 3=15$ cm。这是一个辛得巴得的身长。

米丽娅 这回用带子表示一下。

萨 沙 好吧，就照你说的做。

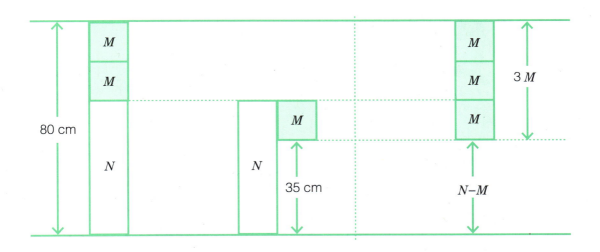

萨 沙 因为$M=15$ cm，所以把它代入式①就有

$N+2\times 15$ cm$=80$ cm

$N+30$ cm$=80$ cm

$N=80$ cm-30 cm

$N=50$ cm

所以一个巨人的身长是50 cm。

米丽娅 萨沙，你可真行啊！

罗伯特 验证一下看看。

式①的$N+2M=80$ cm就是50 cm$+2\times 15$ cm$=80$ cm，正确。式②的$N-M=35$ cm就是50 cm-15 cm$=35$ cm。也正确。

萨 沙 你实在太了不起了，想出了让巨人把辛得巴得倒着举起来。这一想法实在是不简单啊！

第六场 皮诺西欧和两个老头

团 长 这回讲一个顽皮的皮诺西欧的故事,好吗?

一个皮诺西欧站在两个老头的上面,三个人的身长总共是78 cm。然后老头把皮诺西欧倒拿起来,其差为12 cm,请求出老头和皮诺西欧各自的身长。

米丽娅 这是必须认真考虑的问题。

萨 沙 好,我们仔细计算一下。先列出式子

   $2N+M=78$ cm   ①
   $N-M=12$ cm   ②

米丽娅 那么究竟如何考虑好呢?难啊!

罗伯特 还是用带子算一下吧!我想会了解到什么的。

米丽娅 就照你说的去做。

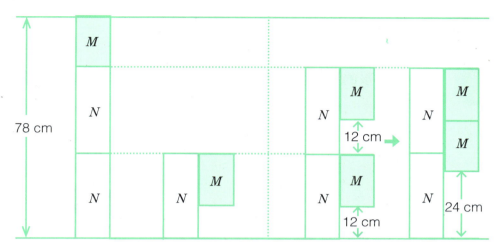

萨 沙 即使和上图对照，也一点想不出来。

罗伯特 老头和皮诺西欧身长之差为12 cm。从式①来考虑，由78 cm先减去一个皮诺西欧的身长，然后再减去两个皮诺西欧的身长。那么，所得的数应该是由两个老头的身长减去两个皮诺西欧的身长。

米丽娅 是啊，从$2N+M$中取出M，剩下的$2N$就是两个老头的身长。

如果再减去两个皮诺西欧的身长，那么就像上面的右图表示的那样，等于$2N-2M$，就是24 cm。

罗伯特 从式①的78 cm减去那个24 cm以后，就像左图表示的那样，应该等于三个皮诺西欧的身长，即$3M$。

萨 沙 是这样吧？

78 cm－24 cm＝54 cm，这个54 cm就是$3M$，所以

$$3M=54 \text{ cm}$$
$$M=18 \text{ cm} \div 3$$
$$M=18 \text{ cm}$$

米丽娅 把$M=18$ cm代入式②，那么就有

$$N-18 \text{ cm}=12 \text{ cm}$$
$$N=12 \text{ cm}+18 \text{ cm}$$
$$N=30 \text{ cm}$$

所以，一个老头的身长应为30 cm。

嘟 嘟 大家都算得很好。仔细一想，确实如此。

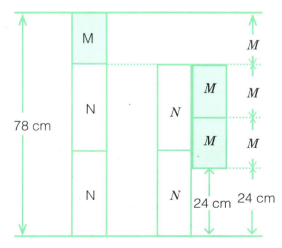

数学世界探险记

第一个问题 裸体的大王和小孩。

一个大王和一个小孩的身长合起来是40 cm，两个大王和一个小孩的身长合起来是70 cm，大王和小孩的身长各是多少？

第二个问题 皮达班和船长。

一个船长和三个皮达班的身长合起来是56 cm，船长和皮达班的身长之差是24 cm，船长和皮达班的身长各是多少？

第三个问题 孙悟空和猪八戒。

两个猪八戒和三个孙悟空的身长合起来是228 cm，猪八戒和孙悟空的身长之差是36 cm，猪八戒和孙悟空的身长各是多少？

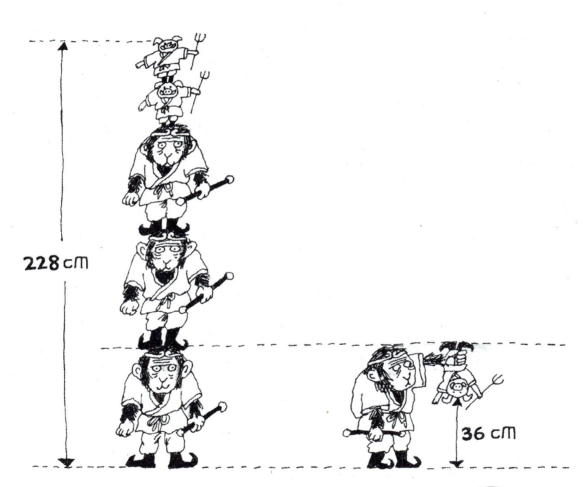

数学世界探险记

数学木偶剧团的演出到此结束。大家表演得都很出色。为表彰各位,再做一次有趣的游戏吧!

请先考虑一个你最喜欢的数字。

萨 沙 想出来啦。
(三个人各自想出了一个数,请你也和大家一块想一个数。)

再想出一个不同的数字,好吗?

米丽娅 好,我想出来了。
(你也想出来了吗?)

把这两个数加起来,是几呢?

米丽娅 是9。　　　　　　　罗伯特 我的是15。
萨 沙 是13。　　　　　　　(你的是几呢?)

把开始想的数2倍起来,然后再加上后来想出的数,是几呢?

米丽娅 是15。　　　　　　　罗伯特 我的是23。
萨 沙 是25。　　　　　　　(你的是几呢?)

那么,大家想的数应该是这样:米丽娅,你先想的数是6,后想出来的数是3。萨沙,你想的数是12和1。罗伯特,你想的数是8和7。

米丽娅 我想的数被你猜对了。　了。怎么想出来的呢?
萨 沙 我想的数也被你猜对　　罗伯特 真不可思议啊!

团　长　哈哈，这并不是什么奇怪的事，猜的方法很简单，谁都会。那么，再见吧!

(团长把木偶和道具都装上了车，然后和大家挥手告别。)

米丽娅　啊，走啦!

萨　沙　怎么没告诉我们解题的秘诀呢?

罗伯特　那一定是想让我们动脑筋去思考。那我们就好好琢磨一下吧!

(于是三个人就聚精会神地思考起来。)

罗伯特　啊，有了。把想出来的数字设为N和M，那么

$N+M=\bigcirc$

$2N+M=\triangle$

只要知道这个○和△所表示的数字，那么N和M不就立刻能算出来了吗?

・米丽娅

　　$N+M=9$　　　　①

　　$2N+M=15$　　　②

　　$N=15-9$

所以

　　$N=6$

把它代入式①，得

　　$6+M=9$

　　$M=9-6$

　　$M=3$

答:$N=6$，$M=3$。

・萨沙

　　$N+M=13$　　　①

　　$2N+M=25$　　②

　　$N=25-13$

所以

　　$N=12$

把它代入式①，得

　　$12+M=13$

　　$M=13-12$

　　$M=1$

答:$N=12$，$M=1$。

・罗伯特

　　$N+M=15$　　　①

　　$2N+M=23$　　②

　　$N=23-15$

所以

　　$N=8$

把它代入式①，得

　　$8+M=15$

　　$M=15-8$

　　$M=7$

答:$N=8$，$M=7$。

(如果使用N和M，这种有趣的问题很容易地解出来了。你不妨让你的伙伴们做做这样的题，他们会感到吃惊的。)

小黑怪的挑战1

(木偶剧团走后,小黑怪一边吐着墨,一边板着冷峻的面孔。)

萨　沙　哎呀,小黑怪!
嘟　嘟　又来搞什么恶作剧!

哈哈,哈哈,哈哈哈哈……
　　我说,那个拙笨的木偶剧团出的难题都做出来了!你们有本事做我出的题吗?好,那我可就出题啦!

①好吧!你先暗自想一个数。
②想好这个数后,把3加上去。
③加上3以后,再乘以2。
④算出来了吧!接下去,再从得到的数中减去4。
⑤减去4以后,再除以2。
⑥除以2以后,再减去你当初想的那个数。
怎么样,做出来了吧?

(大家都吃惊了。正像小黑怪说的那样,每个人的答案都是1。)

好!那么,说出答案吧!
罗伯特、米丽娅、萨沙、嘟嘟,
你们的答案都是1。
怎么样,是这样吧!
哈哈,哈哈,哈哈哈哈……

我开始想的数是3,而答案确实是1,奇怪!

怎么得出来的数都是1呢?可是大家开始想的那个数不同啊!

我想的数是6,怎么按照他说的那样一算就得1呢?

捣鬼,狡猾的小黑怪在捣鬼呀!

数学世界探险记

小黑怪的挑战2

我没有搞鬼。再出一个使你们吃惊的题，好吗？

①各位任意想出一个自己喜欢的数。
②把它加上1。
③加上1以后，再乘以3。
④乘3以后，再加上3。
⑤把所得的数再用3除，应该能除尽的。
⑥从这个得数中减去开始所想的数。
⑦好了，再把减后所得的数乘以2。
⑧接着再减去1。
计算到此结束。

(大家又目瞪口呆了。因为确实像小黑怪说的那样，无论是谁，答案都是3。)

萨　沙　我开始想的数是5。米丽娅，你呢？

米丽娅　我想的数是6。

嘟　嘟　我想的数是0啊！

罗伯特　可是，为什么得出相同的答案呢？一定有什么奇怪的秘密。

嘟　嘟　唉，真叫人生气！

喂，说出它的答案吧！

罗伯特、米丽娅、萨沙、嘟嘟，你们的答案都是3。

怎么样，奇怪吗？

哈哈，哈哈，哈哈哈哈……

小黑怪的挑战3

(小黑怪越发起劲,嘴里喷出漆黑的墨。它一边摇晃着身子,一边提出了第三个问题。)

哈哈,哈哈……

喂,认输了吧!

这样的事都弄不明白,还搞什么数学探险!

别学习啦!让妈妈搂在怀里睡觉吧!

前面的问题你不喜欢的话,那么看看我这回提出的问题会怎样?

试试看,好吗?

①首先,想好某个数。
②给它加上10。
③接下来,再乘以4。
④算出来了吗?如果算出来了,再把所得的数除以2。
⑤如果做完了,再减去开始所想的数的2倍。
⑥接下来,再加上2。

这个问题的答案是什么?我说不论是罗伯特还是米丽娅,也不论是萨沙还是嘟嘟,你们的答案都一样,是22。

唷,真有趣。

大家不要吃惊嘛!

怎么样,为什么是22,你们能证明吗?

哈哈,哈哈,哈哈哈哈……

罗伯特　大家的答案都是22,这究竟为什么?

(罗伯特窝了一肚子火,嘴里嘟囔着。)

米丽娅　怎么证明呢?不会呀!

萨　沙　小黑怪这家伙,正得意地笑呢。

嘟　嘟　可不能输给小黑怪呀!

(三个人束手无策。)

罗伯特　没办法,今天就这样回去吧!

(就这样,三个人受到了小黑怪的嘲笑。)

小黑怪　不明白就要溜走啊!小子们,你们是不想再搞数学啦!

弄懂了小黑怪的问题

（第二天，米丽娅、萨沙和罗伯特在米丽娅家研究小黑怪的问题。）

罗伯特　不管怎样，我们还是从头开始来思考小黑怪的问题，做做看吧！

米丽娅　嗯，那好！

（于是，三个人列出了下面的表。最后栏里，请填上你的数字。）

小黑怪挑战1的表	米丽娅	萨沙	罗伯特	嘟嘟	你
①开始所想的数	6	3	1	5	
②把它+3	6+3=9	3+3=6	1+3=4	5+3=8	
③接下来×2	9×2=18	6×2=12	4×2=8	8×2=16	
④接下来−4	18−4=14	12−4=8	8−4=4	16−4=12	
⑤接下来÷2	14÷2=7	8÷2=4	4÷2=2	12÷2=6	
⑥减去开始想的数	7−6=1	4−3=1	2−1=1	6−5=1	

罗伯特　首先，大家想的是零零散散的数。

萨　沙　有偶数，也有奇数。

米丽娅　无论想的是偶数，还是奇数，因为第③步是乘以2，所以都成了偶数。

萨　沙　的确是这样，可是这有什么意义呢？

罗伯特　我不那么想。即使像你说的那样，可是在第⑤步不是又被2除了一次嘛！这样，是偶数还是奇数，不就没有关系了吗？

萨　沙　设想把开始考虑的数装到一个盒子里，装到盒子里的数是看不见的吧！

米丽娅　想得好，在盒子里装上小石头什么的，不是可以用

表示吗？

罗伯特　很有意思，就这样做做看吧。

（三个人在那儿作出了如下的图。）

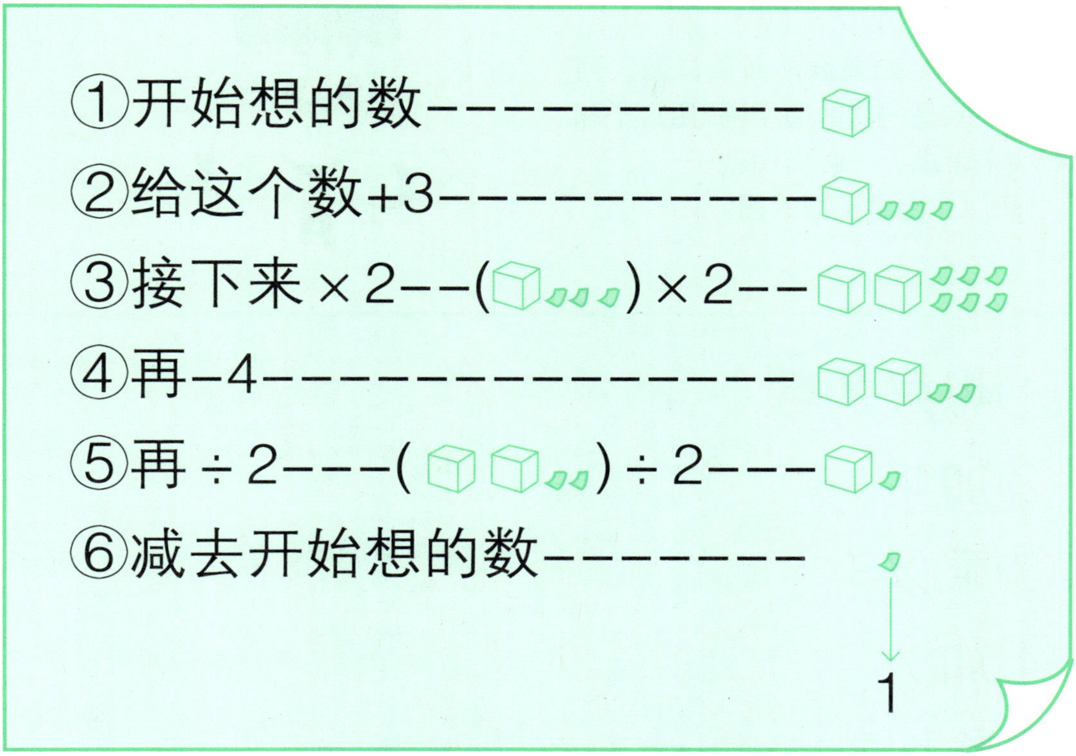

① 开始想的数------------□

② 给这个数+3----------□🪨🪨🪨

③ 接下来×2--(□🪨🪨🪨)×2--□□🪨🪨🪨🪨🪨🪨

④ 再-4---------------□□🪨🪨

⑤ 再÷2---(□□🪨🪨)÷2---□🪨

⑥ 减去开始想的数-------
　　　　　　　　　　　↓
　　　　　　　　　　　1

萨　沙　这个图示的方法很容易明白。

米丽娅　在第⑥步去掉了盒子。也就是减去了一开始所想的那个数。

（这时候，罗伯特叫起来了。）

罗伯特　啊，我想出来了，是那么回事，米丽娅！盒子里有多少石头都没有关系。因为小石头连同盒子一起去掉了，所以不就理所当然地剩下1吗？

萨　沙　嗯？为什么？再解释一下。

罗伯特　比如说，萨沙你想的数是5吧，把那个5装入盒子，给盒子加1。

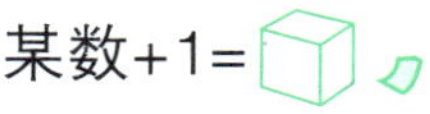

　　　某数+1=□🪨

这回从这儿去掉盒子看看。

　　□🪨 − □ = 🪨 → 1

这样不就剩下1了吗？

萨　沙　是这样。原来这么简单啊？

数学世界探险记

思考小黑怪的挑战2

萨 沙 如果像前面那样做，两次挑战不就是同样的事了吗？用盒子和小石头来考虑，一画出图就……

（萨沙作出了下面的图。）

① 想好的数
② 加1
③ 乘以3
④ 加3
⑤ 除以3
⑥ 减去原来想的数
⑦ 乘以2
⑧ 减去1
↓
3

萨 沙 还是那样，在第⑥步去掉了盒子。

米丽娅 原以为是多么难懂的挑战呢，想不到这么容易呀！

罗伯特 这也是萨沙把开始想的数设想成盒子的结果。这个想法太宝贵啦。

米丽娅 的确是这样。那么第3个问题我来做做看。

思考小黑怪的挑战3

米丽娅　答案是22的问题。嗯,首先把某数加上10。

(米丽娅一边回忆小黑怪的问题一边作出下面的图。哎哟,哎哟。可是画盒子和小石头的地方被喜鹊给卷起来了。)

①想好的数
②加上10
③乘以4
④除以2
⑤减去当初所想的数的2倍
⑥加上2

哎呀,你把盒子和小石子画出来看看。真有趣,加油啊!

米丽娅　在第⑤步小黑怪说减去当初所想的数的2倍,显然是去掉两个盒子啊!所以无论谁的答案都是22,这是理所当然的。

罗伯特　这不就完全证明了吗!
萨　沙　快去见小黑怪,给他证明一下。可是小黑怪在哪儿呢?

教训教训小黑怪

（第二天，在从学校回来的路上，小黑怪张开双臂蹦蹦跳跳地来到三人面前。）

萨沙 哎，小黑怪！前几天你出的题我们已经会证明了。

小黑怪 嗯，要是真那样的话，就说说看。

萨沙 首先把考虑的数当做盒子，用图进行思考。

小黑怪 后来怎么啦？

罗伯特 小黑怪，在计算中的关键不就是减去开始所想的那个数吗？我们再也不会上当了。

小黑怪 没那么容易吧？

米丽娅 小黑怪，这次该你接受我们的挑战了。这个问题看你会不会？

（米丽娅向前走了一步，提出了下面的问题。）

米丽娅 先想出一个数，如果想好了，给它加上20，然后再乘以4，接着减去24，接着再乘以100，然后减去5 200，再除以400，再减去开始想出的数。怎么样，小黑怪！你的答案是1吧！

小黑怪 是这样又怎的？

米丽娅 为什么答案是1，希望你能证明。

小黑怪 哼，那太简单了。用你们想出来的盒子，不就能证明了吗？

（小黑怪刚说完，就开始用长棍在地面上画图，然而……）

①想好某个数

②给它加上20

③乘以4

④减去24

⑤乘以100

⑥减去5 200

⑦除以400

⑧减去原来所想的数

(小黑怪在乘100的地方如果完全做到底的话，就必须画出400个盒子和5 600个小石子，这是一件多么令人烦恼的事啊!)

小黑怪　如果乘上100以上的数可就更不好画了，行了，请帮帮忙吧!

萨　沙　确实不能证明了吧!

小黑怪　能证明。只不过盒子和小石子再不能画了。

米丽娅　那么，你输了!

小黑怪　哼，输也好，怎的也好，反正我不能做那样的麻烦事。

(刚说完，小黑怪就卷起尾巴逃跑了。)

罗伯特　嗬，逃跑了，真痛快!那么，米丽娅，这个吓人的问题是什么时候想出来的?

(一听这么说，米丽娅微笑了。)

米丽娅　说真的……

米丽娅　其实是昨天给开心博士工作室挂电话请教来的。

萨　沙　怪不得小黑怪急三火四地逃跑了。

罗伯特　米丽娅现在的问题是必须画出400个盒子和5 600个小石子，但这无论如何也不好用图来表示呀！

米丽娅　可是，能够简单地做出来，因为听了开心博士的教导。

萨　沙　究竟怎么画呀！

米丽娅　请想想看。

(萨沙皱着眉头思考起来了。)

罗伯特　不是可以把400个盒子和5 600个小石子写成

　　　400 (□) +5 600(·)

吗？

萨　沙　对，可以这样!这就是所说的400个盒子和5 600个小石子。

米丽娅　了不起，正是这样。这是怎么想出来的呢？

罗伯特　不知为什么，反正我就那么想出来了。

萨　沙　那么就用这个想法做做看吧！

(于是，三人作出了下面的图。)

萨　沙　这就行啦。实际上这是一个一看就很容易明白的图。

嘟　嘟　不知道这个想法的小黑怪，可能正为这事发愁呢！

(嘟嘟对不关自己的事置之不理，显出得意洋洋的样子。)

①想好某个数	□	⑤乘以100	400 □ +5 600
②加上20	□+20	⑥减去5 200	400 □ +400
③乘以4	4□+80	⑦除以400	□ +1
④减去24	4□+56	⑧减去原来所想的数	1

小黑怪的挑战是很吓人的!可是,由于我们探险队的成员都思考这个问题,因此,就看穿了小黑怪问题的秘密。其秘密就在于去掉开始所想的数。

请你也给自己的朋友提出让他们吃惊的问题吧!

喂!
快来!

数学世界探险记

记得在本册的开头,开心博士的目录还有一半以上没露面吧!

现在,这个目录全部给出来了。

由于我们经历了木偶人身长的计算问题和在应答小黑怪的挑战中才弄懂的盒子计算问题。因此,学习开心博士《隐藏起来的数字》一定会很顺利。

那么,《隐藏起来的数字》究竟涉及哪些问题呢?

方程……………………………41
关于未知数……………………42
使用□的计算…………………44
做数的游戏……………………45
把假面具当做数………………46
用 x 代替□…………………48
关于系数………………………49
项与同类项……………………50
合并同类项的问题……………51
谈谈分配法则…………………52
谈谈等式………………………54
等式的性质……………………55
建立等式………………………56
谈谈移项………………………57
解方程…………………………58
不知道使用 x 的古埃及人…68

联立方程组……………………70
有趣的盒子游戏………………75
这就是联立方程组……………76
用方程来考虑…………………79
开心博士的总结………………85
用方程来考虑"龟鹤问题"……90
用方程来解……………………92
答案……………………………96

开心博士　大家的精神还是很饱满的嘛!

（我们去访问工作室，到那儿以后，开心博士把秤摆到桌子上，把茶碗和口杯装进尼龙袋，并称了质量。）

罗伯特　这到底是什么实验啊!

开心博士　正如大家看到的那样，左边的质量是290 g，右边的质量是230 g，根据这个，计算一下茶碗和口杯的质量各是多少。

罗伯特　这样的问题，通过计算就能弄清楚吗?

开心博士　是的，通过后面的探索，这样的问题很快就能得到解决。

萨　沙　果真这样吗? 那可妙极啦!

关于未知数

开心博士　前面出现的那个"方程"的新概念还没有弄清楚，这又出来一个"未知数"的新概念。不过，"未知数"这个概念倒是很简单的。

开心博士　有一个男孩，想测水池的水深。他带着3 m长的木棒，划着小船来了。

他把木棒插到池底一看，露出水面的木棒长恰好是1 m。

那么请问，这个水池的水深是多少?请准确地建立一个式子来考虑。

罗伯特　因为3 m−1 m=2 m，所以水深是2 m。

开心博士　是这样。那么，请把不知道的水深用□来表示，再建立一个式子看。

米丽娅　那好吧。由于见不到的水深是□，因此

□+1 m=3 m

这样做对吗？

开心博士　是这样。要求的□，前面已经求出来了。如果用刚才建立的式子计算一下，那么就是

□+1 m=3 m

□=3 m−1 m

□=2 m

这个时候，我们把用□来表示的还不知道的数，叫做未知数。

萨沙　未知数就是还不知道的数吧？

开心博士　是的。现在请大家考虑下面的问题。

开心博士　一位体重是85kg的大力士，举着杠铃在秤上一称，质量是295kg。请问，杠铃的质量是多少？

罗伯特　如果使用☐来建立式子，那么就有

☐+85kg=295kg

☐=295kg−85kg

☐=210kg

开心博士　是这样。那么，大家再做一道含有未知数的问题。

开心博士　某人上街买东西。他买一件东西付给人家100元，找回32元。那么，这件东西的价钱是多少？

萨　沙　好像这问题对一年级的学生来说，也是很简单的。

100元−☐=32元

☐=32元−100元

哟，出现这种情况可就滑稽可笑啦！

米丽娅　这样考虑不行吗？

☐+32元=100元

☐=100元−32元

☐=68元

这样做就不同了吧！

萨　沙　是这样。

开心博士　把☐看做是装进了未知数的盒子。这样一来，问题就更好理解了。

萨　沙　一提起盒子，我就想起前面小黑怪的把戏。

开心博士　那么，把上面的三个问题用盒子整理一下。

未知数 ⟶ ☐

使用 ☐ 的计算

开心博士　好，请好好看一看下面的式子和计算。

| 池水深 | ☐+1=3 | ☐=3−1
☐=2 |

| 杠　铃 | ☐+85=295
☐=295−85 | ☐=210 |

| 买东西 | ☐+32=100
☐=100−32　☐=68 |

罗伯特　在使用盒子方面，真正弄明白了。

开心博士　我们约定，在含有未知数的计算中，像元啦，千克啦，米啦，都可以不写。

做数的游戏

开心博士　这样吧，大家来做数的游戏，看看盒子中的数是多少？

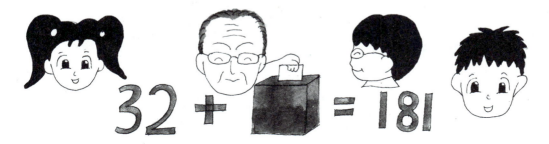

罗伯特　让我来做。一计算就知道

☐=181−32

☐=149

装进盒子中的数应该是149。

开心博士　米丽娅，你查一下看看。

米丽娅　完全正确。

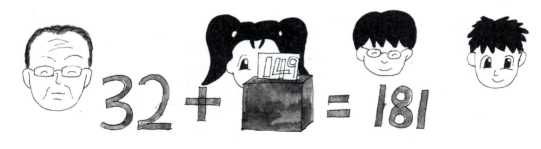

开心博士　怎么样？像猜谜一样来推算盒子中的数，这是很使人感兴趣的事吧！至于说这个盒子，不管它是奶糖盒，还是火柴盒，都行。现在，请大家自己出个题看看。

萨　沙　那好，我们就来出题。

萨沙出的题　　　☐+17=24

米丽娅出的题　　☐+893=13 281

罗伯特出的题　　☐+62=62

小朋友们，你们也来做做数的游戏吧！

数学世界探险记

把假面具当做数

开心博士　且不用说把数隐藏在盒子里，就是不用盒子而用别的什么东西也是可以的。

萨　沙　啊？这么说，把数装进口袋之类的东西也行吗？

开心博士　是这样。即使不用口袋，而用大家所喜欢的假面具来代替数也是可以的。

罗伯特　哎哟，原来是这样啊。怪不得这册书叫做《隐藏起来的数字》！

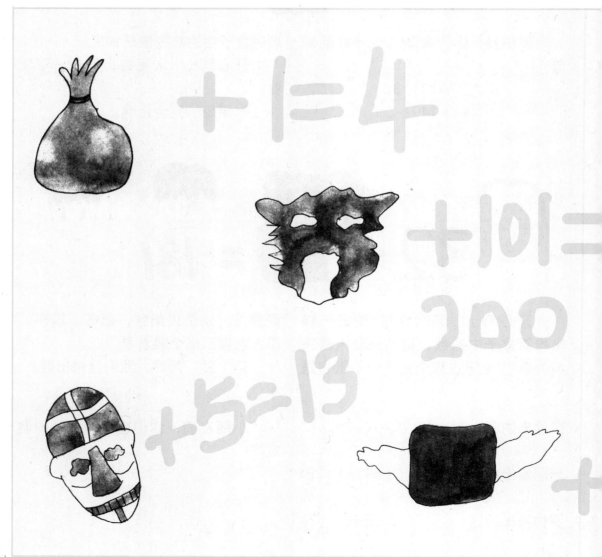

米丽娅 嘿,真有趣!假面具也成为我们的伙伴啦。

萨沙 数虽然隐藏起来了,但是它确实存在啊。

开心博士 萨沙说的完全正确。我们把这样不露面的还不知道等于多少的数,叫做未知数。下面画的是用各种各样假面具来代表的数,请算一算它们都是什么数。

米丽娅 嗬!真像化装舞会啊。

用 x 代替 ▢

罗伯特 那么，开心博士，总画▢可是一件为难的事。因为我绘画的技巧不高，所以画不好。

萨沙 用 a 或者用 b 来代替▢不行吗？

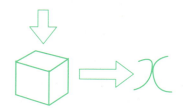

未知数

开心博士 当然行。这可以随便，无论用 a 还是用 b 都没关系。不过，通常都是用 x 来表示未知数。正是因为这样，所以还是用 x。

米丽娅 不知道怎么回事，我觉得，好像难做的算术题一使用 x 就好做了。

开心博士 哈哈哈哈……

可能是这样。以后，我们把含有用文字表示的未知数的式子，叫做方程。

那么，谁把上面那3个例题，使用 x 做做看？

罗伯特 好，那么由我来吧。

（池水深）

设池水深为 x m，那么

$x+1=3$

$x=3-1$

$x=2$

（杠 铃）

设杠铃的质量为 x kg，那么

$x+85=295$

$x=295-85$

$x=210$

（买东西）

设买东西用的钱为 x 元，那么

$x+32=100$

$x=100-32$

$x=68$

萨 沙 果然是这样，好像难做的算术题一使用 x 就都容易了。

关于系数

开心博士 那么请看下图。把两颗黑宝石和一颗白宝石放在秤上一称,其质量是55 g。已知白宝石的质量是15 g,那么黑宝石的质量是多少?装宝石的尼龙袋的质量忽略不计。

萨 沙 让我来做做看。我想,如果把未知的每颗黑宝石的质量用 □ 来表示,那么

□□ + 15 = 55

也就是

2□ + 15 = 55

如果用 x 代替 □,那么

$2x + 15 = 55$

$2x = 55 - 15$

$2x = 40$

接下来怎么做呢?这我可就为难了。

(萨沙遇到了困难,米丽娅出来相助了。)

米丽娅 因为 $2x$ 就是两个 □,所以

□□ = 40

两边除以2,就得

$x = 20$

萨 沙 哎哟,可不是嘛,就是这样。

开心博士 嗯,对。另外,当把两个 x 写成 $2x$ 时,我们把这个与文字 x 相乘的2叫做系数。

罗伯特 如果是 $3x$,那么3就是系数;如果是 $5x$ 呢,那么5就是系数。是这样吗?

开心博士 对。这个你们可要牢牢地记住啊。

数学世界探险记

项与同类项

开心博士 这回请看下图。米丽娅上西式糕点店买点心。她买5个花蛋糕和3个其他点心，总共付给人家64元。现已知无论什么样的点心，其单价都相同。那么请问，每个点心多少钱？

米丽娅 因为点心的单价相同，所以

$$5x+3x=64$$

怎么样？建立这样的式子行吗？

开心博士 是的。

米丽娅 如果用盒子来表示，那么，$5x+3x$就是

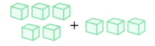

由此出发，就可以完成全部的计算。我想，还应该想到

$$5x+3x=(5+3)x$$

开心博士 好，好。

米丽娅 这样一来，$8x=64$，两边除以8，得

$$x=64÷8$$

$$x=8$$

答案是每个点心8元。

开心博士 对，是这样做。现在，我们把这个可以叫做方程的式子$5x+3x=64$细分一下，那么它可以分成$5x$，$3x$，64三部分。

这样，这个式子就包含了用系数5乘x，用系数3乘x这样的乘法运算。像$5x$，$3x$这样借助乘法归拢到一起的部分以及64，叫做项。

因为"项"是一个重要的概念，所以，我们要很好地掌握它。另外，像$5x$，$3x$这样使用相同字母的项，叫做同类项。所谓同类，就是相同的意思。

像$5x+3x=8x$这样，同类项可以通过加法运算合并成一项。

合并同类项的问题

开心博士　请你们自己出一些关于同类项之间的加、减运算的问题，并把同类项合并成一项。

$5x+2x$

$b+b$

米丽娅　因为$5x+2x$中的两项使用的文字都是x，所以是同类项。于是，可以合并成一项，成为$7x$。

萨　沙　b可以看做是$1b$，所以一合并就是

$b+b=1b+1b=2b$

$4a-a$

$2x+x^2$

嘟　嘟　因为$4a-a$中的两项使用的字母都是a，所以是同类项。于是把它们合并成一项，就是

$4a-a=4$

罗伯特　因为这个式子中的两项使用的是相同的文字x，所以是同类项，于是合并成一项就是……哎呀，不好办了，能合并成$3x^2$吗？

开心博士　那么，让我来总结一下。米丽娅做得很好。萨沙把b考虑成$1b$也很精彩，做得也很周全。嘟嘟做的那道题，应该$4a-a$等于$4a-1a$，两项一合并就成为$3a$，可是嘟嘟却急三忙四地做成那个样子。

喂，罗伯特！$2x$和x^2是同类项吗？$2x$就是$2\times x$，不是x和x相乘，而x^2是$x\times x$也就是两个x相乘。所以，它们不是同类项，像$2x$这样的项叫做一次项，像x^2这样的项叫做二次项，像x^3这样的项叫做三次项。如果你事先知道这些就好啦。

合并下列同类项。
① $8x+3x$　② $6a-2a$
③ $3a+a$　④ $4x+3x-x$

数学世界探险记

谈谈分配法则

开心博士　新概念将接连不断地出现，请牢牢地记住。一会儿休息的时候，请大家吃些水果。

（开心博士这样说，是让大家吃一些味道甜美的苹果什么的。）

混装水果1箱

	梨	柿子	橘子
单价/元	p	q	r
各品种的个数	3	2	5
价钱/元	$3p$	$2q$	$5r$

混装水果6箱

	梨	柿子	橘子
单价/元	p	q	r
1箱中各品种个数	3	2	5
6箱中各品种个数	18	12	30
价钱/元	$18p$	$12q$	$30r$

开心博士　像左边表格所表示的那样，有一个水果混装箱，每个梨、每个柿子、每个橘子的价钱分别用 p，q，r 来表示。那么，一箱水果的总价钱是多少？

罗伯特　因为有3个梨，所以梨的价钱是 $3p$；因为有2个柿子，所以柿子的价钱是 $2q$；因为有5个橘子，所以橘子的价钱是 $5r$。于是，一箱水果的总价钱是 $3p+2q+5r$。

开心博士　是这样。那么，如果买6个这样混装箱的水果，价钱是多少呢？

米丽娅　我想，如果作出6箱的明细表，那么一看就清楚了。因为在6个箱中有18个梨，12个柿子，30个橘子，所以总价钱是 $18p+12q+30r$。

开心博士　好，做得好，是这样。

开心博士　如果把上面这个问题用式子来表示，那么就有：

1箱水果的价钱是$3p+2q+5r$；

6箱水果的价钱是$6(3p+2q+5r)$。

计算一下就得到

$$6(3p+2q+5r)=6\times 3p+6\times 2q+6\times 5r=18p+12q+30r$$

萨　沙　这太有趣啦！

开心博士　那么，把下面的式子用图形来考虑考虑看。

无论a，b，c，d是怎样的数，都有下式成立。

$$a(b+c+d)=ab+ac+ad$$

这个式子的成立，通过下面长方形的边和面积的关系的讨论，一看就更清楚了。

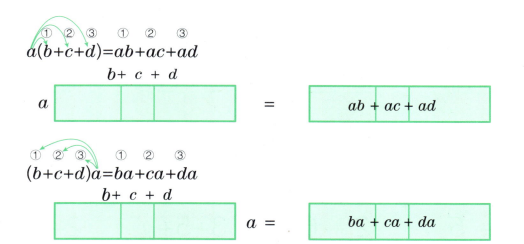

开心博士　把a分配给b，c，d就成了上面的形式。我们把这个方法叫做分配法则，分配法则是关系到加法和乘法两个方面的重要性质。

利用分配法则去掉下列各式的括号。

① $2(3a+4b+5)$　　② $3(7x-2y+1)$　　③ $4(x-2y-1)$

④ $\frac{1}{2}(4x-6y+10)$　　⑤ $\frac{1}{3}(\frac{1}{2}a+\frac{2}{3}b-\frac{1}{5})$　　⑥ $6(\frac{3}{2}a+\frac{2}{3}b+\frac{5}{6})$

谈谈等式

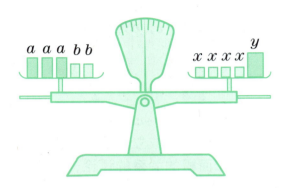

开心博士 用=(等号)表示的数或量相等关系的式子,叫做等式。请看左图。天平左边盘子中的砝码的质量是 $3a+2b$,右边盘子中的砝码的质量是 $4x+y$。因为两边的质量相等,所以可用等式 $3a+2b=4x+y$ 来表示。=左边的式子叫做左式,右边的式子叫做右式。

开心博士 像上图表示的那样,把东西装进天平左边的盘子和右边的盘子,且两边的质量恰好相等。

这时,如把质量都是 a 的两个砝码分别装进两边的盘子,那么,就有

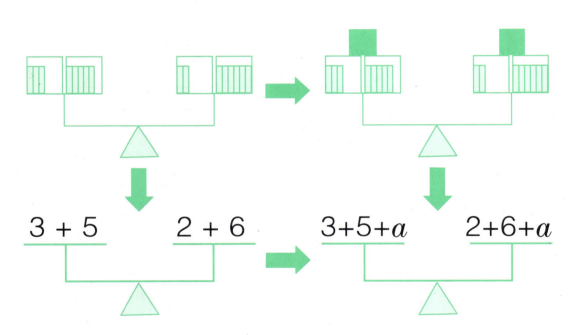

$3+5+a=2+6+a$

可见,天平两边质量相等的关系没有被破坏。

大家做一些像刚才那样不破坏天平两边质量相等的计算。现在请把第55页上的五种计算好好地弄明白。

等式的性质

性质1 把相同质量的东西加到两边的盘子中，仍得一等式。

```
2+6  ←+3    5+3  ←+3    ➡    2+6+3    5+3+3
     △                          △
```

性质2 从两边的盘子中撤去质量相同的东西，仍得一等式。

```
2+6  ←−4    5+3  ←−4    ➡    2+6−4    5+3−4
     △                          △
```

性质3 用相同的数乘两边盘子中的质量，仍得一等式。

```
(2+6) ←3倍  (5+3) ←3倍   ➡   (2+6)×3   (5+3)×3
     △                          △
```

性质4 用不是零的相同数除两边盘子中的质量，仍得一等式。

```
2+6 ←3等分  5+3 ←3等分   ➡   2+6/3     5+3/3
     △                          △
```

性质5 对调左右两边的盘子，仍得一等式。

```
2+6         5+3         ➡    5+3       2+6
     △                          △
```

开心博士　根据上面的五种情况，可以知道等式的下列性质。

设 $A=B$，那么，

① 在等式的两边加上相同的值 m，则有

$$A+m=B+m$$

② 从等式的两边减去相同的值 m，则有

$$A-m=B-m$$

③ 在等式的两边乘相同的值 m，则有

$$Am=Bm$$

④ 用不是零的相同的值 m 除等式的两边，则有

$$\frac{A}{m}=\frac{B}{m}$$

⑤ 对换等式的两边，则有

$$B=A$$

怎么样，以上这些都懂吧？

三人　原来等式有这样有趣的性质啊！

建立等式

开心博士 等式的性质已经知道了,现在来建立等式看看。

某数的3倍再加上4,恰好等于这个数的5倍。

这道题如果用等式来表示将会怎么样? 现在做给你看。

x的3倍再加上4,即$3x+4$。

x的5倍,即$5x$。

所以$3x+4=5x$。

罗伯特 嘿!建立等式也像做猜谜语游戏似的,真有趣。

开心博士 确实是这样。我再出一个题,请大家做做看。

某数的4倍再加上6,恰好比这个数的5倍小2。请把这道题用等式表示出来。

罗伯特 我来做做看。

x的4倍再加上6,即$4x+6$。

比x的5倍小2,即$5x-2$。

所以$4x+6=5x-2$。

开心博士 嗯,是这样。那么,请看下一个问题。

把长度为A cm的金属丝做成像右图所示那样的有两个边相等的三角形。请把这件事用$A=\cdots\cdots$的等式表示出来。

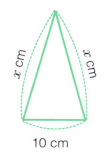

萨 沙 这回我来做。

这个三角形的周长是$(2x+10)$ cm。因为A等于这个周长,所以,$A=2x+10$。

开心博士 做得对。现在再练习一下等式的性质。已知一个等式是

$$8x-2y=4+3m \quad ①$$

(1)请在①的两边加上$2y$。

米丽娅 $8x-2y+2y=4+3m+2y$

$8x=4+3m+2y$

开心博士 (2)请从①的两边减去$3m$。

萨 沙 $8x-2y-3m=4+3m-3m$

$8x-2y-3m=4$

开心博士 (3)请在①的两边乘以2。

罗伯特 $2(8x-2y)=2(4+3m)$是这样吧!根据分配法则去掉括号,得$16x-4y=8+6m$。

开心博士 (4)请在①的两边除以7。

米丽娅 $\dfrac{8x-2y}{7}=\dfrac{4+3m}{7}$

$\dfrac{8}{7}x-\dfrac{2}{7}y=\dfrac{4}{7}+\dfrac{3}{7}m$

开心博士 (5)请调换①的两边。

萨 沙 $4+3m=8x-2y$

开心博士 好啊,大家都很好地做出来了。

萨 沙 开始觉得有些难的问题,待做出来一看,却是又简单又有趣。

米丽娅 我有同感,的确是这样。

谈谈移项

开心博士　现在，把上面讲过的等式性质用在下面的式子上看看。

$$x+a=y-b \qquad ①$$

从①的两边减去a，得$x+a-a=y-b-a$于是

$$x=y-b-a \qquad ②$$

比较一下①和②，你们没发现什么问题吗？

罗伯特　开心博士，我发现了关于a的问题：式①左边的$+a$移到右边去，成为式②右边的$-a$。

米丽娅　确实是这样啊！

开心博士　接下来在②的两边加上b。于是

$$x+b=y-b-a+b$$
$$x+b=y-a \qquad ③$$

这回再好好地比较一下②和③。

萨　沙　啊，开心博士，式②右边的$-b$移到左边去，成为式③左边的$+b$。

开心博士　由此可以看出，在等式中，改变项的符号可以移到另一边去。这种做法叫做移项。

$$x+a=y-b$$
$$x=y-b-a$$

$$x=y-b-a$$
$$x+b=y-a$$

1. 建立下面的等式。

①用长度为b cm的金属线做成宽为a cm，长为5 cm的长方形，请写出只有b在左边的等式。

②已知底面半径为3 cm，高为h cm的圆柱体的体积为V cm³，那么，$V=……$。

2. 把下列等式中画上横线的项移到另一边去。

① $x+5a=4y-\underline{3b}$　② $x-\underline{a}=y$

③ $2a+\underline{1}=7b$　　　④ $a-\underline{5}=3b$

⑤ $4=2b-\underline{3x}$　　　⑥ $8x+\underline{5}=3y$

解方程

开心博士 对于方程,前面已经做过说明。所谓方程,就是含未知数的等式。求这里的未知数,就是解方程。

喜 鹊 现在给出一个解方程的问题。

有两袋质量相同的砂糖,从里面拿出40 g,剩下的是460 g,则一袋砂糖的质量是多少?请准确地建立方程,并求出未知数。

萨 沙 我来做做看。设一袋砂糖的质量是x g,那么两袋砂糖的质量是$2x$ g,所以

$$2x-40\text{ g}=460\text{ g}$$

罗伯特 在方程中,单位不用写。

萨 沙 对,我一没留神就写出来了。

米丽娅 那么,我来解解看。首先,为了求出$2x$,把左边的-40移到右边去,于是

$$2x-40=460$$
$$2x=460+40$$
$$2x=500$$

罗伯特 嗯,然后两边除以2,那么就有

$$\frac{2x}{2}=\frac{500}{2}$$

所以,$x=250$。噢,解出来了,答案是250 g。

$$2x-40=460$$
$$2x=460+40$$
$$2x=500$$
$$\frac{2x}{2}=\frac{500}{2}$$
$$x=250$$

答:250 g。

　　开心博士　求x时，要像米丽娅那样，把含有未知数的项放在左边，把数字的项都移到右边去。

　　例　$5x-3=2x+7$。

　　左边：$5x$不动，把右边的$2x$变成$-2x$移到左边去。

　　右边：$+7$不动，把左边的-3变成$+3$移到右边去。于是

$$3x=10$$

两边乘以$\frac{1}{3}$，得

$$\frac{3x}{3}=\frac{10}{3}$$

所以

$$x=\frac{10}{3}$$

　　萨沙　两边乘以$\frac{1}{3}$与两边除以3一样吧？

　　开心博士　是的。把x集中到左边，当$ax=b$时，两边除以a，得

$$ax\div a=b\div a$$

$$\frac{ax}{a}=\frac{b}{a}$$

$$x=\frac{b}{a}$$

> 因为$ax=b$　$(a\neq 0)$
> 所以$x=\frac{b}{a}$

当然，这时的a一定不能是0，就像方程里写的那样。

　　萨沙　好，懂了。

　　开心博士　把解出来的$x=\frac{10}{3}$，叫做方程的根或方程的解。

　　解方程之例：

　　例1　$5x=7$。

　　解　由于左边的系数是5，右边的数是7。因此

$$x=\frac{7}{5}$$

　　验算　左边：$5x=\overset{1}{\cancel{5}}\times\frac{7}{\underset{1}{\cancel{5}}}=7$，右边：7。

　　例2　$17=3x$。

　　解　由于左边和右边交换后仍是等式，因此

$$3x=17$$
$$x=\frac{17}{3}$$

　　验算　左边：17，右边：$\overset{1}{\cancel{3}}\times\frac{17}{\underset{1}{\cancel{3}}}=17$。

解下列方程。

① $3x=8$　　② $7x=6$

③ $24x=38$　　④ $32x=12$

⑤ $4x=12$　　⑥ $15x=4$

⑦ $8x=8$　　⑧ $8x=0$

⑨ $9=5x$　　⑩ $15=18x$

数学世界探险记

喜　鹊　现在解下面的问题。

有一套书，这套书平均每册质量是1.2 kg，装书箱子的质量是2 kg。用秤一称，连书带箱子的质量是20 kg。这套书一共有多少册？

 米丽娅的计算

设这套书的册数为 x，那么

$$1.2x+2=20$$

把2移到右边去，得

$$1.2x=20-2$$
$$1.2x=18$$

两边除以1.2，得

$$\frac{1.2x}{1.2}=\frac{1.8}{1.2}$$

$$x=\frac{1.8}{1.2}$$

$$x=\frac{\cancel{180}^{15}}{\cancel{12}_{1}}$$

$$x=15$$

答：这套书共有15册。

萨　沙　建立方程，移项，除以 1.2，求 x。解得很清楚啊。

罗伯特　建立方程的方法，想得挺好。

嘟　嘟　$\frac{18}{1.2}$ 变成 $\frac{180}{12}$，除开了。可是，如果除不开，x 是分数也行吗？

罗伯特　由于是书的册数，当然能除开。但是，对于其他问题，例如在求长度和质量时，解出来的数是分数或小数，都是可以的。

解方程之例：

例1　$1.5x = 7$。

解　$x = \dfrac{7}{1.5} = \dfrac{14}{3}$

验算　左边：$1.5 \times \dfrac{14}{3} = \dfrac{15}{10} \times \dfrac{14}{3} = 7$，右边：7。

例2　$\dfrac{3}{4}x = \dfrac{6}{7}$。

解　$x = \dfrac{6}{7} \div \dfrac{3}{4} = \dfrac{6}{7} \times \dfrac{4}{3} = \dfrac{8}{7}$

验算　左边：$\dfrac{3}{4} \times \dfrac{8}{7} = \dfrac{6}{7}$，右边：$\dfrac{6}{7}$。

解下列方程。

① $1.3x = 26$　　② $2.8x = 7$

③ $0.2x = 4$　　④ $0.1x = 5$

⑤ $6x = 1.3$　　⑥ $9x = 0.6$

⑦ $\dfrac{5}{8}x = \dfrac{10}{11}$　　⑧ $\dfrac{4}{7}x = \dfrac{11}{13}$

⑨ $\dfrac{2}{3}x = 8$　　⑩ $\dfrac{7}{12}x = 14$

⑪ $\dfrac{4}{9}x = 12$　　⑫ $\dfrac{12}{27}x = 4$

⑬ $\dfrac{11}{6}x = \dfrac{11}{12}$　　⑭ $\dfrac{13}{5}x = \dfrac{3}{14}$

⑮ $6x = \dfrac{12}{13}$　　⑯ $7x = \dfrac{13}{14}$

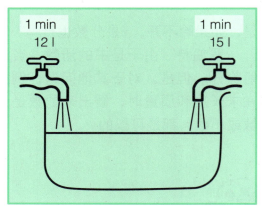

喜　鹊　那么，请做下面的问题。

两个水龙头同时向一个水池注水。其中，一个水龙头平均每分钟流出12 l水，另一个水龙头平均每分钟流出15 l水。请问，要往水池中注135 l的水，共需多少时间？

萨沙的计算

设往水池中注135 l水需 x min，那么，一个水龙头在 x min内可流出 $12x$ l的水，另一个水龙头在 x min内可流出 $15x$ l的水。

因为要往水池中注135 l的水，所以
$$12x+15x=135$$
$$(12+15)x=135$$
$$27x=135$$

两边除以27，得

$$\frac{27x}{27}=\frac{\overset{5}{\cancel{135}}}{\underset{1}{\cancel{27}}}$$
$$x=5$$

答：共需5 min。

米丽娅 做得太好啦,萨沙!

罗伯特 嗯,精彩,方程建立得好!

萨 沙 遇到难题时,如果好好地去思考,那么难的可能就变成不难的了。方程,太有趣啦!

开心博士 是这样。正像前面说过的那样,解难题就像抓犯人那么有趣。把未知数用 x 来代替,并像我们看到的那样建立方程,然后就可以解啦。萨沙!说来说去你已经是名侦探了。哈哈哈哈……

萨 沙 用心考虑问题的各个方面,准确地求出未知数。这真使人感到心情愉快啊!

解方程之例:

例1 $\frac{1}{3}x + \frac{1}{2}x = \frac{3}{4}$。

解 把左边合并到一起,得

$$(\frac{1}{3}+\frac{1}{2})x = (\frac{2}{6}+\frac{3}{6})x = \frac{5}{6}x$$

所以 $\frac{5}{6}x = \frac{3}{4}$

$$x = \frac{3}{4} \div \frac{5}{6} = \frac{3}{\underset{2}{4}} \times \frac{\overset{3}{6}}{5} = \frac{9}{10}$$

例2 $5x - 3 = 2x + 7$。

解 把含有 x 的项移到左边,把数字的项集中到右边,于是

左边的 $5x$ 不动,右边的 $2x$ 移到左边成为 $-2x$。

右边的 $+7$ 不动,左边的 -3 移到右边成为 $+3$。所以

$$5x - 2x = +7 + 3$$
$$3x = 10$$

两边除以3,得

$$\frac{3x}{3} = \frac{10}{3}$$
$$x = \frac{10}{3}$$

解方下列程。

① $\frac{5}{6}x + \frac{3}{4}x = \frac{1}{2}$

② $2x + \frac{2}{3}x = \frac{8}{15}$

③ $\frac{6}{7}x + x = 13$

④ $8x + 2 = 3x + 7$

⑤ $4x + 1 = x + 2$

⑥ $\frac{2}{9}x - 4 = \frac{1}{5}x - \frac{1}{2}$

数学世界探险记

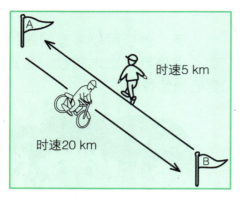

喜　鹊　这回出的是距离问题。

某人从A地到B地，再从B地返回A地。去时骑自行车，时速为20 km；返回时步行，时速为5 km。又知往返所花费的时间是1.5 h。问A，B两地间的距离是多少千米？

米丽娅　表面上看，这是一道难题呀。

罗伯特　不过，这倒很有趣啊，努力做吧！

罗伯特的计算

设A地和B地之间的距离为 x km，那么，骑时速为20 km的自行车行完 x km所用的时间为 $\frac{x}{20}$ h；以时速为5 km的步行走完 x km所用的时间为 $\frac{x}{5}$ h。因为往返所花费的时间是1.5 h，所以

$$\frac{x}{20} + \frac{x}{5} = 1.5$$

$$\frac{x}{20} + \frac{4x}{20} = 1.5$$

$$\frac{x}{4} = 1.5$$

两边乘以4，得

$$x = 1.5 \times 4$$
$$x = 6$$

答：A，B两地间的距离为6 km。

嘟 嘟 好啊，好啊！罗伯特做出来啦。

萨 沙 如果注意到

　　距离÷速度=时间

那么，不管怎样都能建立式子。这样一来，这类复杂的问题，常常可以解出来。

罗伯特 在第四册中，距离、速度和时间之间的关系已经给出来了。做什么总是毛毛草草的我，一定要记住它。

米丽娅 不过，方程的通分也是很重要的，看来，带分数的方程也是很棘手的。

开心博士 不，不是那样。实际上，计算的本身是很容易的。在建立方程时，如果能注意到罗伯特所说的那一点，那么，不管什么样的犯人，都会很快地被抓到。

1.某人用手里的钱买石榴，如果买5元一个的能比买6元一个的多买6个，则该人手里有多少钱？

2. 从A地到B地，如果骑时速为48 km的自行车去，要比乘时速为64 km的电车去多用30 min，求A，B两地间的距离。

数学世界探险记

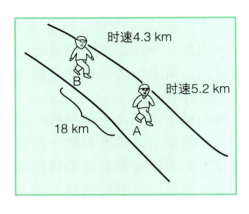

喜　鹊　这回出的还是个距离问题。

某人A和某人B同时从同一地出发，沿着同一方向步行。A的时速为5.2 km，B的时速为4.3 km。当两人之间拉开的距离为18 km时，他们已步行了多长时间？

嘟　嘟　这是个很有趣的问题，我来做做看吧！

米丽娅　嘟嘟，你能行吗？

嘟　嘟　尽量做吧。

嘟嘟的计算

　　设当两人之间拉开的距离为18 km时，他们已步行的时间是 x h，那么，A步行的距离是 $5.2x$ km，B步行的距离是 $4.3x$ km。因为两人拉开的距离为18 km，所以

$$5.2x + 4.3x = 18$$

$$9.5x = 18$$

$$x = \frac{18}{9.5}$$

$$x = \frac{180}{95}$$

$$x = 1\frac{17}{19}$$

答：已步行 $1\frac{17}{19}$ h。

米丽娅　看上去好像做得挺好，验算一下看对不对？

当A步行了$1\frac{17}{19}$ h时，他步行的距离为$5.2\times 1\frac{17}{19}$ km，计算一下，得

$$5.2\times\frac{36}{19}=\frac{187.2}{19}=9\frac{16.2}{19}=9\frac{162}{190}$$

当B步行了$1\frac{17}{19}$ h时，他步行的距离为

$$4.3\times\frac{36}{19}=\frac{154.8}{19}=8\frac{2.8}{19}=8\frac{28}{190}$$

这样，A和B之间的距离能是18 km吗？

萨　沙　因为

$$9\frac{162}{190}-8\frac{28}{190}=1\frac{134}{190}$$

所以，A和B之间的距离不是18 km呀！

嘟　嘟　咦，难道是我做错了吗？

罗伯特　嘟嘟，你写的$5.2x+4.3x=18$，应该是$5.2x-4.3x=18$。

请看一下第66页的图。

$$0.9x=18$$
$$x=\frac{18}{0.9}$$
$$x=20$$

答案应该是20 h。

嘟　嘟　我好不容易想了一个做法，闹了半天还错了。

1. 水池中存着7 l水，现在用平均每分钟流出0.8 l水的水管往水池中放水。如果想让水池蓄水16 l，则需开通水管多长时间？

2. 用相同数额的钱，分别买6元1 kg的苹果和2.4元1 kg的橘子，已知两种水果共买了42 kg，苹果和橘子各多少？

3. 某人A和某人B同时从同地出发，分别以每小时3.2 km和4.5 km的速度，沿着同一方向步行。当两人拉开的距离为18 km时，他们已步行多长时间？

4. 一个数的8倍加上4等于140，求这个数。

不知道使用 x 的古埃及人

开心博士　大家知道，在古时候，埃及人在数学方面就取得了相当可观的成就。发现分数的，是古埃及人；使用三角形，想出正确的测量土地方法的，也是古埃及人。

然而，对于有这样成就的古埃及人来说，有一道难题连他们的数学家也解不出来。现在把这个问题拿出来看一看。由于现在对你们来说这个问题已是很简单的，因此，随便哪一位出来给解解看。

"某一数加上它的 $\frac{1}{5}$ 等于21，这个数是什么数？"

就是这道题，曾难倒了古埃及的数学家。

罗伯特　开心博士，这个问题建立方程不就行了吗？

开心博士　那么，罗伯特，你来做做看。

罗伯特　设这个数是 x。因为把这个数的 $\frac{1}{5}$ 加上去等于21，所以
$$x+\frac{1}{5}x=21$$
解这个方程时，首先两边乘以5，得
$$(x+\frac{1}{5}x)\times 5=21\times 5$$
$$\frac{6}{5}x\times 5=21\times 5$$
$$6x=105$$

两边再除以6，得
$$x=\frac{105}{6}$$
$$x=17\frac{1}{2}$$

这么做对吗？

开心博士　就是这样做。罗伯特把古埃及数学家都解不出来的问题，如此轻松地解出来了。

萨沙　不过，这个问题我并没有感到难啊，可是……

开心博士　是啊，在现代人来看，即使原来感到很复杂的难题也不难了。可是，在当时数百年的时间里，古埃及竟有几十位数学家对那个问题进行研究，直到公元前1600年前后，才由一位很有声望的数学家把问题给解决了。

米丽娅　嘿，这个问题那么不好解啊！

开心博士　这是古埃及人不会使用x造成的。如果不会用x去代替未知数进而建立式子这样的代数方法，那么这个题是不好解的。

顺便告诉大家，这种把未知数设为文字的代数学，是数学家笛卡儿首先考虑出来的。

罗伯特　真是一位伟大的学者呀！

开心博士　即使是近代科学的创使者，也是人啊！

在这里再介绍一个传闻。当开始使用文字x来表示莫名其妙的未知数时，印刷工人为了防止不够用，准备的铅字x的数量远远超过实际所需要的数量。这是一个很有趣的传闻。

哈哈哈哈……

萨沙　的确很有趣。

（三个人寻思一会儿，不由得也同开心博士一起哈哈大笑起来。）

联立方程组

罗伯特 前面已用 x 代表白盒子。因为一个一个地画盒子太麻烦，所以把盒子写成了 x。

白盒子就像笛卡儿提出的 x 那样是一个未知数。虽然白盒子消失不见了，但是我们仍然可以像捉迷藏那样，去寻找那隐藏起来的数字。下面让我们一起愉快地做游戏，探索那有趣的方程吧！

这回嘟嘟又拿来了黑盒子。萨沙问："是要把黑、白盒子混在一起玩吧，这会不会引起什么麻烦呢？"开心博士笑着说："别担心，不会增加什么麻烦，而且会玩得更有意思。"

真是这样吗？如果白盒子是 x 的话，那么黑盒子该是什么呢？

开心博士　罗伯特，由于又增加了一种盒子，因此犯人就变成两组了。这样，捉犯人的游戏也就会更有意思。请看下面的问题。

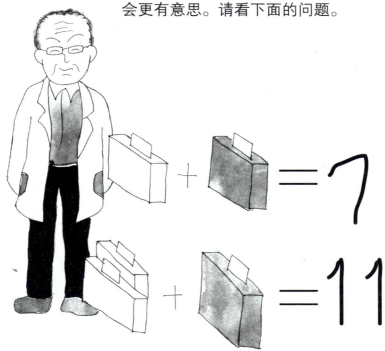

开心博士　白盒子和黑盒子里分别有一个数，这两个数可以是不同的。如果白盒子与黑盒子里的数相加等于7，而白盒子里的数的2倍再与黑盒子里的数相加等于11。那么你知道白盒子与黑盒子里的数各是多少吗？

（三个人和嘟嘟都皱着眉头苦苦思索着。）

罗伯特　嘿，我算出来了！白盒子里的数是5，黑盒子里的数是2。于是，就有

$$5+2=7$$
$$2\times 5+2=11$$

是这样吧？

米丽娅　不对不对！$2\times 5+2$等于12嘛！

罗伯特　哎哟，可不是嘛，我太着急啦！

（罗伯特不好意思地擦了擦眼镜。）

萨　沙　不过，你这个答案不是很接近正确答案了吗？不是5和2，可能是6和1吧？不论怎样，我看还是先把加起来等于7的数一对一对地找出来，然后列个表看看，怎么样？

罗伯特　噢，这个办法挺好。

数学世界探险记

□ + □		2 × □ + □ = 11
0 + 7	→	2 × 0 + 7 = 7 …………①
1 + 6	→	2 × 1 + 6 = 8 …………②
2 + 5	→	2 × 2 + 5 = 9 …………③
3 + 4	→	2 × 3 + 4 = 10 …………④
4 + 3	→	2 × 4 + 3 = 11 …………⑤
5 + 2	→	2 × 5 + 2 = 12 …………⑥
6 + 1	→	2 × 6 + 1 = 13 …………⑦
7 + 0	→	2 × 7 + 0 = 14 …………⑧

米丽娅 □+□等于7的数组总共有8个吧?

罗伯特 是呀,让我们再把□□+□等于多少的各种情况都考虑考虑看。当□是0,□是7时,□+□等于7。就这样,把□+□等于7的都写出来,一看就……

萨沙 喂!第⑤组恰好是我们要找的!

罗伯特 是的,当□是4,□是3时,□□+□=11。现在问题是解决了,但是,这样一个一个地列表,可真够麻烦的,难道就没有什么更好的办法吗?

米丽娅 喂,罗伯特快来!我们好好看看这个问题

□+□=7　　　①
□□+□=11　　②

由算式可知,在①中仅仅增加一个□,7就变成了11。这样□不就等于11-7吗?

萨沙 嗯,是这样。这也就是说

$$\begin{array}{r}□□+□=11\\-)□+□=7\\\hline□=4\end{array}$$

是这样吧?

罗伯特 米丽娅，这真是一个了不起的发现。萨沙，你不认为用一个算式减去另一个算式的主意非常妙吗？不过，这样到底行不行，我们还得用别的例子再试试。

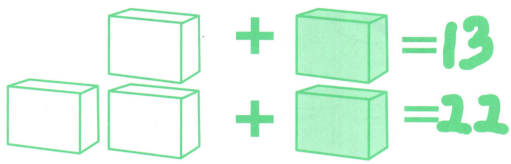

□ + ■ = 13　　①
□□ + ■ = 22　　②

式②减式①

□□ + ■ = 22
－)　□ + ■ = 13
　　□ 　 = 9

把 □ = 9 代入式①，得

9 + ■ = 13
■ = 13 − 9
■ = 4

（米丽娅写了两个数，把它们分别装进白盒子和黑盒子，给罗伯特出了一道题。）

米丽娅　罗伯特，这是很容易的呀。

罗伯特　让我算算看吧。

（白盒子仅仅增加一个，13就变成22，像前面萨沙那样一考虑，就列出了左边那样的式子。）

罗伯特　算出来了，白盒子里的数是9，而黑盒子里的数是4。米丽娅，对不对？

米丽娅　是这样，答案完全正确。

（米丽娅取出装进白、黑两个盒子的数给大家看，果然一个是9，另一个是4。）

数学世界探险记

开心博士　你们都很了不起，大家确实动了脑筋。

（开心博士的脸上露出了很高兴的神色，深深地吸了一口烟斗。）

开心博士　好吧，再拿出一个不同的问题试试看。在图中的白盒子和黑盒子里，分别藏着什么数字？请解出来看。

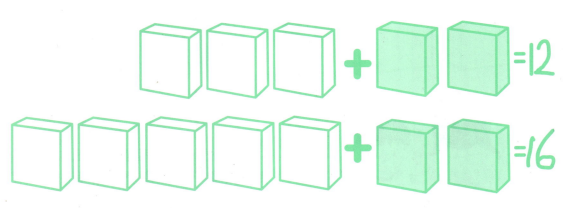

□□□ + ■■ = 12
□□□□□ + ■■ = 16

式②减式①

　　□□□□□ + ■■ = 16
　−）　　□□□ + ■■ = 12
　　　□□　　　　　 = 4

□□ = 4，所以
　　　□ = 2
把□ = 2代入式①，得
　　3×2 + ■■ = 12
　　　　■■ = 12−6
　　　　■■ = 6
　　　　■ = 3

①
②

米丽娅　这回让我来解。嗯，比较一下式①和式②就可以看出，在式②中白盒子增加了两个，12就变成16。也就是 □□ = 16−12，那么 □ = 2。

这样，把□=2放入式①中去，就有3×2+■■=12，移项 ■■ = 12−6，所以■=3。

开心博士　完全正确，米丽娅。

有趣的盒子游戏

(米丽娅他们往盒子里放了数字，提出了下面的问题。好，让我们一起来解吧!)

☐ ☐ + ☐ ☐ = 6

☐ ☐ ☐ + ☐ ☐ = 7

☐ + ☐ ☐ ☐ = 18

☐ ☐ ☐ + ☐ ☐ ☐ = 36

☐ + ☐ = 34

☐ ☐ + ☐ = 45

(怎么样?很有趣吧!你也出个问题向你的朋友们挑战。至于盒子嘛，无论是糖果盒，还是火柴盒，什么都行，信封也可以，把数字写在卡片上，装进盒子里，和小朋友们一起玩猜谜游戏吧!千万别弄错了式子哟。)

这就是联立方程组

开心博士　现在请看下面的问题。这个问题你们可以毫不费力的解决。不过，如果把白盒子当做未知数 x，黑盒子当做未知数 y，那么得到的就是右下方的算式。当然，无论是用盒子，还是用 x，y 来考虑，计算的方法都是一样的。

```
□ + ■ = 9              ①
□□ + ■ = 14            ②
```

□ → x　　■ → y

$$\begin{cases} x+y=9 \\ 2x+y=14 \end{cases} \quad \begin{matrix}①\\②\end{matrix}$$

式②减式①

```
 □□ + ■ = 14
-)  □ + ■ = 9
─────────────
     □     = 5
```

$$\begin{array}{r} 2x+y=14 \\ -)\underline{x+y=9} \\ x=5 \end{array} \quad ③$$

把式③代入式①

$$5+y=9$$
$$y=9-5$$
$$y=4$$

罗伯特　叫做 x 和 y 的两个未知数也能算出来啊？

萨　沙　原来，把由式②减式①所求出的 x 放入式①来考虑，叫做代入啊！

米丽娅　一旦使用了 x 和 y，原来所说的白盒子、黑盒子就都不见了。这样，不论有多难的数学问题都可以试一试了。

开心博士　很容易吧！只要列出算式，多么难的问题都不难了。像上面那样并列的两个方程，叫做联立方程组。实际上，这里只出现了"代入"这个新名词，其他的都没有变。好了，现在用 x 和 y 解下页的问题。

萨　沙　那么，让我来做做看。

□ + □ = 15

□□ + □ = 22

$x+y=15$ ①
$2x+y=22$ ②

①-②

$$\begin{array}{r} 2x+y=22 \\ -)\ x+y=15 \\ \hline x\quad\ =7 \end{array}$$

萨沙 比较一下式①与式②就知道，式②中仅仅增加一个 x，15就变成22，所以由式②减式①就可以求出 x，再把这个 x 代入式①，y 也就出来了。

把 x 代入式①，得

$7+y=15$

$y=8$

□□□ + □□ = 24

□□□□ + □□ = 32

$3x+2y=24$ ①
$5x+2y=32$ ②

②-①

$$\begin{array}{r} 5x+2y=32 \\ -)\ 3x+2y=24 \\ \hline 2x\quad\quad =8 \\ x\quad\quad =4 \end{array}$$

罗伯特 看一下式①和式②就知道，在式②中仅仅多出 $2x$，结果就由24变成32。所以，由式②减式①，再用2除，x 就求出来了。然后，再把 x 代入式①就行了。

把 x 代入式①，得

$3\times 4+2y=24$

$2y=12$

$y=6$

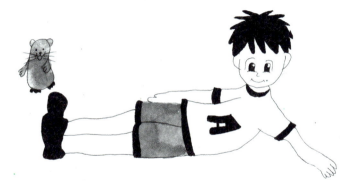

数学世界探险记

开心博士 我们把仅仅含有一个未知数的方程叫一元方程,而像前面那样含有两个未知数的方程叫二元方程。另外,这些方程中都不含有x^2这样的二次项,所以叫一次方程。刚才所学习的方程,叫做二元一次方程组是很合适的。尽管这个名字很长,但是记住它是很有用的。

1. 把下面盒子的算式,换成文字x和y的方程,解解看。

2. 解下列方程组。

① $\begin{cases} x+y=5 \\ 2x+y=7 \end{cases}$

② $\begin{cases} x+2y=14 \\ x+4y=16 \end{cases}$

③ $\begin{cases} 2x+18y=236 \\ 2x+16y=232 \end{cases}$

④ $\begin{cases} 3x+y=1\,075 \\ x+y=383 \end{cases}$

⑤ $\begin{cases} 3x+6y=6 \\ 3x+5y=5 \end{cases}$

⑥ $\begin{cases} x+y=1 \\ 6x+y=1 \end{cases}$

⑦ $\begin{cases} 9x+7y=8 \\ x+7y=4 \end{cases}$

用方程来考虑

开心博士 从现在开始,在我们将要遇到的各种各样的问题中,都含有两个未知数。那么,怎样设未知数?怎样列方程?怎样求未知数? 请大家一起来探索吧!

问题1 如果在2个盒子里都放了牛奶瓶,像下面图那样,在左边的盒子里有5个大瓶和2个小瓶,共重4 750 g;在右边的盒子里有3个大瓶和2个小瓶,共重3 090 g,这里都不包括盒子的质量。那么每个大、小牛奶瓶的质量各是多少?

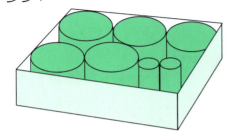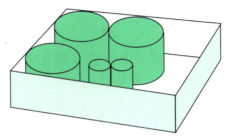

设大牛奶瓶的质量为 x g,小牛奶瓶的质量为 y g,那么

$$\begin{cases} 5x+2y=4\ 750 & ① \\ 3x+2y=3\ 090 & ② \end{cases}$$

①－②

$$\begin{array}{r} 5x+2y=4\ 750 \\ -)\ 3x+2y=3\ 090 \\ \hline 2x=1\ 660 \end{array}$$

$$x=830 \qquad ③$$

把③代入②

$$3\times 830+2y=3\ 090$$

计算得

$$2y=600$$
$$y=300$$

答:大牛奶瓶的质量为830 g,小牛奶瓶的质量为300 g。

米丽娅 多吓人的问题呀!不过只要把大、小牛奶瓶的质量分别设为 x 和 y 后,就可以列出左边的方程组了。比较一下式①和式②,式①中仅仅增加 $2x$,质量就由3 090 g变成4 750 g。所以,只要由式①减式②,别的事就好办了。答案是:大牛奶瓶的质量830 g,小牛奶瓶的质量300 g。

萨 沙 原来是这样啊,所说的方程,也就是把不知道的数加加减减,算一算就行了。真是狡猾的数学。

罗伯特 是呀,但是在什么地方再找点麻烦不是会更有意思吗?

数学世界探险记

问题2 有两种卡车，大的能装1 000 kg的货物，小的能装600 kg的货物。如果一共用5台卡车运走3 800 kg的货物，那么大、小卡车各用多少台好？

嘟嘟 我好像也能做这个题，我来试试行吗？

因为大、小卡车加在一起一共用5台，所以$x+y=5$。如果用x台大卡车，而每台能运1 000 kg，那么大卡车一共能运$1 000x$ kg。同样道理，小卡车一共能运$600y$ kg。因为一共要运走3 800 kg货物，所以

$$1 000x+600y=3 800$$

这样就得到了方程组

$$\begin{cases} x+y=5 & ① \\ 1 000x+600y=3 800 & ② \end{cases}$$

然后看一下式①和式②就可以知道，由于x变成$1 000x$，5就变成3 800，因此，由②减①，得

$$\begin{array}{r} 1 000x+600y=3 800 \\ -)x+y=5 \\ \hline 999x+599y=3 795 \end{array}$$

哎哟，真是怪事！这回y怎么没消去呀？

罗伯特 用这样的计算来消去y是不行的，嘟嘟。你看，当x变成$1 000x$的时候，y变成$600y$了。

米丽娅 不过，嘟嘟的计算并没有错呀，这个问题看来不那么简单了。到现在为止，像

$$\begin{array}{r} 2x+2y=14 \text{ⓐ} \\ -)x+2y=11 \text{ⓑ} \\ \hline x=3 \end{array}$$

那样，由于ⓐ，ⓑ中y的系数相同，因此用ⓐ减ⓑ，有$2y-2y=0$。这时就能消去y了。但是在嘟嘟的这个问题中，由于①和②中y的系数不同，只是减一下也是白费呀。

罗伯特 怎么能是白费呢，仍然只用减法就能够消去y。

（罗伯特的脸上露出有些傲慢的样子。）

罗伯特　让我们一次一次地减下去。

$$\begin{array}{r}1\,000x+600y=3\,800\\-)x+y=5\\\hline 999x+599y=3\,795\\-)x+y=5\\\hline 998x+598y=3\,790\\-)x+y=5\\\hline 997x+597y=3\,785\end{array}$$

就这样连续减600次的话，y不就消去了吗。

（萨沙怪声怪气地小声说："这样虽然可以做出来，但是要做600次减法，我看无论如何是不行的。"）

罗伯特　但是，不这样做，这个方程不就解不出来了吗？

萨　沙　罗伯特，稍等一下，你是说要做600次减法就可以了，是吗？

罗伯特　因为y的系数是600呀。

萨　沙　我明白了，式②中y的系数是600，如果把式①中y的系数也改为600来做的话，不是个好主意吗？

米丽娅　怎么回事？

萨　沙　把等式的两端同乘上一个相同的数不就可以了吗。所以，可以在式①两端都乘600，也就是

$$(x+y)\times 600=5\times 600$$

$$600x+600y=3\,000 \quad ③$$

然后用式②减式③

$$\begin{array}{r}1\,000x+600y=3\,800\\-)600x+600y=3\,000\\\hline 400x=800\end{array}$$

y不就干干净净地被消去了吗。

罗伯特　萨沙，你真了不起呀。不过得意的不应该仅仅是你自己。

米丽娅　真的，$400x=800$，$x=\dfrac{800}{400}$，$x=2$，大卡车就是2台了。

罗伯特　等等，剩下的让我来做吧。现在x知道了，那么y用代入的方法也就可以求出来了。不过，要是用萨沙的办法嘛，就是把式①乘上1000，得

$$1\,000x+1\,000y=5\,000 \quad ④$$

这回用式④减式②

$$\begin{array}{r}1\,000x+1\,000y=5\,000\\-)\,1\,000x+600y=3\,800\\\hline 400y=1\,200\\y=\dfrac{1\,200}{400}\\y=3\end{array}$$

嘿！这不就算出来了嘛！

嘟　嘟　唉，我怎么还是有点不太明白呢。你们不停地做，太快了。解下列方程组。

① $\begin{cases}x+y=900\\x+2y=1\,700\end{cases}$

② $\begin{cases}2x+y=19\\x+y=10\end{cases}$

问题3 大家好不容易解开了嘟嘟的方程组时,小黑怪突然出现了。他拿着一张好像是从哪里撕下来的纸片,上面有一个问题。

方 程

开心博士 大家的精神还是很饱满的嘛!

(我们去访问工作室,到那儿以后,开心博士把秤摆到桌子上,把茶碗和口杯装进尼龙袋,并称了质量。)

罗伯特 这到底是什么实验啊!

开心博士 正如大家看到的那样,左边的质量是290 g,右边的质量是230 g,根据这个计算一下茶碗和口杯的质量各是多少?

罗伯特 这样的问题,通过计算就能弄清楚吗?

开心博士 是的,通过后面的探索,这样的问题很快就能得到解决。

萨沙 果真这样吗?那可妙极啦!

罗伯特　这不是开心博士正在研究的问题吗?不会是从这本书中的第41页撕下来的吧!

嘟　嘟　撕书是不允许的!

萨　沙　这个问题好像是能做出来。

米丽娅　嗯,让我做做看。

米丽娅　设一个茶碗的质量是 x g,一个口杯的质量是 y g,那么

$$\begin{cases} 3x+5y=290 & ① \\ 5x+2y=230 & ② \end{cases}$$

比较一下式①和式②,嗬!x 和 y 的系数都是七零八落的。

(米丽娅感到很为难。无论在式①和式②中乘上什么数,都不能使 x 或 y 的系数相等。)

萨　沙　看来用刚才的办法可能是解不开了。

罗伯特　嗯,关键是找到使系数相等的办法。x 的系数是3和5,噢,我明白了。米丽娅,可以用最小公倍数啊!3和5的最小公倍数要是成为式①和式②中 x 的系数的话,不就可以消去 x 了吗?

米丽娅　真的。因为3和5的最小公倍数是15,所以如果式①乘上5,式②乘上3,那样不就行了吗?

式①乘上5

$(3x+5y) \times 5 = 290 \times 5$

$15x+25y=1\,450$　　　③

式②乘上3

$(5x+2y) \times 3 = 230 \times 3$

$15x+6y=690$　　　④

③－④

$$\begin{array}{r} 15x+25y=1\,450 \\ -)\ 15x+\ 6y=690 \\ \hline 19y=760 \end{array}$$

$y=\dfrac{760}{19}$

$y=40$

真棒!y 求出来了。下面只剩下 x 了。要是也能消去 y 就好了。

萨　沙　用消去 x 的方法,当然也能消去 y。

米丽娅　式①和式②中 y 的系数分别是5和2,由于它们的最小公倍数是10,因此要使两个式子中 y 的系数都是10,只要式①乘上2,式②乘上5就可以了,于是

数学世界探险记

$2\times①$

$(3x+5y)\times 2=290\times 2$

$6x+10y=580$ ⑤

$5\times②$

$(5x+2y)\times 5=230\times 5$

$25x+10y=1\,150$ ⑥

⑥−⑤

$$\begin{array}{r} 25x+10y=1\,150 \\ -)\ \ 6x+10y=\ \ 580 \\ \hline 19x=\ \ 570 \end{array}$$

$x=\dfrac{570}{19}$

$x=30$

答：一条茶碗的质量是30 g，一个口杯的质量是40 g。

现在做出来了！一个茶碗的质量是30g，一个口杯的质量是40g。

嘟　嘟　小黑怪，怎么样！像这样的问题是考不住我的。

(嘟嘟忘了刚才自己没有做出题，逞强地说。)

小黑怪　难道你无论什么题都能很好地做出来吗？

(小黑怪说完就溜走了。)

罗伯特　不过，开始听开心博士讲这个问题时，并没料到能做得这么好。

萨　沙　我和你一样。

解下列方程组。

① $\begin{cases} x+2y=11 \\ 2x+y=10 \end{cases}$

② $\begin{cases} 2x+3y=27 \\ 5x+2y=40 \end{cases}$

③ $\begin{cases} x+5y=12 \\ 7x+y=50 \end{cases}$

④ $\begin{cases} \dfrac{1}{2}x+\dfrac{1}{3}y=2 \\ \dfrac{1}{4}x+\dfrac{1}{5}y=\dfrac{11}{10} \end{cases}$

⑤ $\begin{cases} 0.3x+1.8y=1.08 \\ 0.1x+0.7y=0.37 \end{cases}$

开心博士的总结

开心博士 我当初提到的难题已被解开了。你们对自己的智慧感到惊讶吧!当然,就连我也很吃惊。小黑怪好像更是被吓了一大跳。用现在的探索方法来研究二元一次方程组,总结起来就是下面的情况。

例1 $\begin{cases} x+2y=10 & ① \\ 3x+2y=18 & ② \end{cases}$

②-①   把③代入①
$2x=8$ $4+2y=10$
$x=4$ ③ $y=3$

例2 $\begin{cases} x+y=8 & ① \\ 12x+10y=86 & ② \end{cases}$

②-10×①   把③代入①
$2x=6$ $3+y=8$
$x=3$ ③ $y=5$

例3 $\begin{cases} 3x+4y=45 & ① \\ 8x+11y=122 & ② \end{cases}$

②×3-①×8
$y=6$

①×11-②×4
$x=7$

开心博士 像左边例1那样,当未知数x或y的系数相等时,只要把式①与式②的左边、右边分别相减,相同系数的未知数就消去了。剩下一个未知数就是一元方程了。然后,用已经求出来的未知数代入式①或式②,那么另一个未知数也就能求出来了。

在例2中,式①与式②中的哪个未知数的系数都不相等,但只要用一个数(12或10)去乘式①,就能使两个式子中的一个未知数的系数相等。这时候,就可以用例1中使用的方法求出未知数了。

可是在例3中,不仅未知数的系数都不相等,而且把其中一个式子乘上一个数以后还是不能相等。这个时候,就要求出两个式子中未知数x或y的系数的最小公倍数,把它作为这个未知数的系数,这样得到的方程组当然就会解了。

大家探索的二元一次方程组的解法总结起来就有这三种方法。

1. 8元一本和25元一本的书加在一起一共买了50本，花了927元，两种书各买了多少本？

2. 有A，B两种油，A的价格是16.5元，质量是880 g。B的价格是18元，质量是960 g。两种油分别买了一些后，共花了75.6元，总质量是9 424 g。A，B两种油各买了多少？

3. 甲买了12个苹果和15个橘子，共花了54元。乙也买了同样的苹果14个和橘子9个，共花了52.8元。每一个苹果和橘子各是多少元？

4. 有A，B两个上水管，从A管中每分钟能流出13 l水，而从B管中每分钟能流出18 l水。如果先打开A管使水流出，然后关闭A再打开B管，加起来共放水10 min，共有165 l水流出，A，B管分别放水多少分钟？

5. 米丽娅的妈妈去市场买鸡蛋，普通鸡蛋1个48 g，价格是1.4元。大鸡蛋1个60 g，价格是1.8元。两种鸡蛋混起来买，总的质量是1 608 g，花了47.8元，普通鸡蛋和大鸡蛋各买了多少个？

6. A城与B城的距离是630 km，先乘时速为45 km的汽车去，中途又换乘时速为60 km的电车，共用了11 h，汽车和电车行驶的距离各是多少？

数学世界探险记

哈哈，哈哈，哈哈哈哈!

喂，各位!

你们都会解方程组了，很得意吧!不过，世上有数不尽的难题，堆得像大山一样。

下面的问题会做吗?请试试看!

龟和鹤一共有20只，而它们的腿合起来有52条，龟和鹤分别有多少只?

怎么样? 请吧!

（大家正在兴致勃勃地探索着方程组，突然小黑怪出现了。）

罗伯特　哎呀，是小黑怪呀，吓了我一大跳！

米丽娅　可不是吗，请别吓唬人好不好！我的心脏几乎都停止跳动了。

萨　沙　什么龟呀鹤呀的，又拿来麻烦的问题了。

罗伯特　哼，也不吸取教训，又来找什么碴呀！

米丽娅　不过，这个问题好像是在我妈妈那儿听说过。她当时无论如何也没弄明白，惹得老师发了火。仿佛是叫什么"龟鹤问题"。

萨　沙　唉，"龟鹤问题"，小黑怪大概是不怀好意地出了这么个怪问题。

米丽娅　但是，这个问题在过去的课本里似乎确实出现过。

罗伯特　嗯。

用方程来考虑"龟鹤问题"

龟和鹤合起来是20只，
龟和鹤的腿合起来有52条。
龟多少只？
鹤多少只？

开心博士 哎呀呀，大家别发呆呀！好了，不要太勉强了！我上小学的时候，也弄不懂"龟鹤问题"。这个问题大概不用特殊方法是解不来啦。这样的问题，我和你们的父亲、母亲是怎样学会的，就怎样教你们吧！龟和鹤合起来是20只。如果20只都认为是鹤，那么会怎么样呢？

米丽娅 真不讲道理。一直告诉我们是龟和鹤，现在却又认为全都是鹤，怎么也不应该这样想啊！

开心博士 别着急，请听我说下去。如果20只全都是鹤的话，那么腿的条数是2×20=40，比52条仅仅少12条。由于一只鹤比一只龟少两条腿，12÷2=6，于是龟是6只，鹤就有14只。

罗伯特 这个主意不错！有点像智力问题。

设鹤为x只龟为y只，那么

$$x+y=20 \quad ①$$

由于一只鹤有2条腿，一只龟有4条腿，因此

$$2x+4y=52 \quad ②$$

②-①×2

$$\begin{array}{r} 2x+4y=52 \\ -)\ 2x+2y=40 \\ \hline 2y=12 \end{array}$$

$$y=6 \quad ③$$

把③代入①

$$x+6=20$$
$$x=14$$

答：龟6只，鹤14只。

开心博士 的确像智力问题，而不像数学问题。但是不这样考虑，而使用你们探索的方程，也会很容易解决的。

罗伯特 啊，是这样。听我罗伯特的。嗯，问的是鹤和龟各多少只，所以设鹤为x只，龟为y只，再利用问题中的条件就可以列出式子了。

萨　沙 真的，这么一说我也明白了。

米丽娅 我也知道了，不就是很简单的方程嘛！

罗伯特 那么，鹤是14只，龟是6只，这就是问题的答案啦。这和开心博士算的结果是一样的。

开心博士 好啦，如果再遇到类似问题的时候，就可以考虑用方程来解决。

萨　沙 喂，你们看，小黑怪垂头丧气地逃走了。不过，这样倒挺可怜的。

用方程来解

和差问题

有大小两个数,它们之和是89,之差是67,这两个数分别是多少?

(如果设大数为x,小数为y……)

消去法

买3个梨和5个柿子共花了15元,买同样的梨4个和柿子5个共花了17.5元,每个梨和每个柿子的价格各是多少元?

(分别设1个梨和1个柿子的价格为x元和y元就可以了。)

年龄问题

妹妹是在姐姐4岁时出生的。现在,妹妹的年龄是姐姐年龄的$\frac{5}{6}$。姐姐和妹妹的年龄各是多少岁?

倍分问题

小美为自己和朋友去买书,共花了98元。小美自己买书用的钱,比给朋友买书用的钱的3倍少6元,小美为自己和朋友买书各用多少元?

假定法

1个三角尺和3块橡皮的价格是相同的,如果买3个三角尺和8块橡皮要用25.5元,那么一个三角尺和一块橡皮的价格各是多少元?

龟鹤问题

狐狸和乌鸦共有36只,它们的腿共有110条,狐狸和乌鸦各有多少只?

(把龟鹤问题中的龟和鹤换成狐狸和乌鸦。)

数学世界探险记

大概寻找数这个犯人的游戏，你们玩的都很高明了吧！现在，你们都够名侦探的资格了。如果现在重新回到那木偶剧中去，我们使用 x 和 y 来考虑问题，那么，那些开始感到很难的问题，现在都能顺利地解出来了。

　　我们大家都认为，从开心博士那里学到了非常重要的东西。这并不是使人感到别扭的故意刁难人的数学。在龟鹤问题中，开心博士把龟认为是鹤的办法，我们自己怎么想也想不出来。可是，用方程来考虑问题，却又是那样简单。当时我们认为，这么难以想象的智力难题让我们考虑，我们一定算不出来。不过，现在像那样的难题即使再出现，我们也不害怕了。因为我们可以用方程来顺利地解决这些难题。

　　　　　　　　罗伯特

数学世界探险记

方程(第41~69页)

<第51页>
① $11x$ ② $4a$ ③ $4a$ ④ $6x$

<第53页>
① $6a+8b+10$ ② $21x-6y+3$
③ $4x-8y-4$ ④ $2x-3y+5$
⑤ $\frac{1}{6}a+\frac{2}{9}b-\frac{1}{15}$ ⑥ $9a+4b+5$

<第57页>
1. ① $b=2a+10$ ② $V=9\pi h$
2. ① $x+5a+3b=4y$ ② $x=y+a$
③ $2a=7b-1$ ④ $a=3b+5$
⑤ $4+3x=2b$ ⑥ $8x=3y-5$

<第59页>
① $x=\frac{8}{3}$ ② $x=\frac{6}{7}$ ③ $x=1\frac{7}{12}$
④ $x=\frac{3}{8}$ ⑤ $x=3$ ⑥ $x=\frac{4}{15}$
⑦ $x=1$ ⑧ $x=0$ ⑨ $x=1\frac{4}{5}$
⑩ $x=\frac{5}{6}$

<第61页>
① $x=20$ ② $x=2\frac{1}{2}$ ③ $x=20$
④ $x=50$ ⑤ $x=\frac{13}{60}$ ⑥ $x=\frac{1}{15}$
⑦ $x=1\frac{5}{11}$ ⑧ $x=1\frac{25}{52}$ ⑨ $x=12$
⑩ $x=24$ ⑪ $x=27$ ⑫ $x=9$
⑬ $x=\frac{1}{2}$ ⑭ $x=\frac{15}{182}$ ⑮ $x=\frac{2}{13}$
⑯ $x=\frac{13}{98}$

<第63页>
① $x=\frac{6}{19}$ ② $x=\frac{1}{5}$ ③ $x=7$
④ $x=1$ ⑤ $x=\frac{1}{3}$ ⑥ $x=157\frac{1}{2}$

<第65页>
1. 180元。

2. 96 km。

<第67页>
1. $11\frac{1}{4}$ min。
2. 12 kg苹果，3 kg橘子。
3. $13\frac{11}{13}$ h后。
4. 17。

联立方程组(第70~95页)

<第78页>
1. 把白盒子和黑盒子分别替换成 x, y，那么

① $\begin{cases} x=4 \\ y=1 \end{cases}$ ② $\begin{cases} x=7 \\ y=13 \end{cases}$ ③ $\begin{cases} x=0 \\ y=39 \end{cases}$

2. ① $\begin{cases} x=2 \\ y=3 \end{cases}$ ② $\begin{cases} x=12 \\ y=1 \end{cases}$
③ $\begin{cases} x=100 \\ y=2 \end{cases}$ ④ $\begin{cases} x=346 \\ y=37 \end{cases}$
⑤ $\begin{cases} x=0 \\ y=1 \end{cases}$ ⑥ $\begin{cases} x=0 \\ y=1 \end{cases}$
⑦ $\begin{cases} x=\frac{1}{2} \\ y=\frac{1}{2} \end{cases}$

<第81页>
① $\begin{cases} x=100 \\ y=800 \end{cases}$ ② $\begin{cases} x=9 \\ y=1 \end{cases}$

<第84页>
① $\begin{cases} x=3 \\ y=4 \end{cases}$ ② $\begin{cases} x=6 \\ y=5 \end{cases}$ ③ $\begin{cases} x=7 \\ y=1 \end{cases}$
④ $\begin{cases} x=2 \\ y=3 \end{cases}$ ⑤ $\begin{cases} x=3 \\ y=0.1 \end{cases}$

<第86页>
1. $\begin{cases} 8元的书19本 \\ 25元的书31本 \end{cases}$

2. $\begin{cases} A=3\frac{13}{25} \text{ l} \\ B=6\frac{59}{100} \text{ l} \end{cases}$

3. $\begin{cases} 苹果每个3元 \\ 橘子每个1.2元 \end{cases}$

<第87页>

4. $\begin{cases} A管3\ min \\ B管7\ min \end{cases}$

5. $\begin{cases} 普通鸡蛋11个 \\ 大鸡蛋18个 \end{cases}$

6. $\begin{cases} 汽车行90\ km \\ 电车行540\ km \end{cases}$

<第92页>

和差问题 $\begin{cases} 大数为78 \\ 小数位11 \end{cases}$

消去法 $\begin{cases} 梨2.5元 \\ 柿子1.5元 \end{cases}$

年龄问题 $\begin{cases} 姐姐24岁 \\ 妹妹20岁 \end{cases}$

<第93页>

倍分问题 $\begin{cases} 小美买书用72元 \\ 朋友买书用26元 \end{cases}$

假定法 $\begin{cases} 三角尺每个4.5元 \\ 橡皮每块1.5元 \end{cases}$

龟鹤问题 $\begin{cases} 狐狸19只 \\ 乌鸦17只 \end{cases}$